T&P BOOKS

TSJECHISCH

WOORDENSCHAT

THEMATISCHE WOORDENLIJST

NEDERLANDS
TSJECHISCH

De meest bruikbare woorden
Om uw woordenschat uit te breiden en
uw taalvaardigheid aan te scherpen

7000 woorden

Thematische woordenschat Nederlands-Tsjechisch - 7000 woorden

Door Andrey Taranov

Woordenlijsten van T&P Books zijn bedoeld om u woorden van een vreemde taal te helpen leren, onthouden, en bestudering. Dit woordenboek is ingedeeld in thema's en behandelt alle belangrijk terreinen van het dagelijkse leven, bedrijven, wetenschap, cultuur, etc.

Het proces van het leren van woorden met behulp van de op thema's gebaseerde aanpak van T&P Books biedt u de volgende voordelen:

- Correct gegroepeerde informatie is bepalend voor succes bij opeenvolgende stadia van het leren van woorden
- De beschikbaarheid van woorden die van dezelfde stam zijn maakt het mogelijk om woordgroepen te onthouden (in plaats van losse woorden)
- Kleine groepen van woorden faciliteren het proces van het aanmaken van associatieve verbindingen, die nodig zijn bij het consolideren van de woordenschat
- Het niveau van talenkennis kan worden ingeschat door het aantal geleerde woorden

T&P Books Publishing
www.tpbooks.com

ISBN: 978-1-78492-329-7

Dit boek is ook beschikbaar in e-boek formaat.
Gelieve www.tpbooks.com te bezoeken of de belangrijkste online boekwinkels.

TSJECHISCHE WOORDENSCHAT
nieuwe woorden leren

T&P Books woordenlijsten zijn bedoeld om u te helpen vreemde woorden te leren, te onthouden, en te bestuderen. De woordenschat bevat meer dan 7000 veel gebruikte woorden die thematisch geordend zijn.

- De woordenlijst bevat de meest gebruikte woorden
- Aanbevolen als aanvulling bij welke taalcursus dan ook
- Voldoet aan de behoeften van de beginnende en gevorderde student in vreemde talen
- Geschikt voor dagelijks gebruik, bestudering en zelftestactiviteiten
- Maakt het mogelijk om uw woordenschat te evalueren

Bijzondere kenmerken van de woordenschat

- De woorden zijn gerangschikt naar hun betekenis, niet volgens alfabet
- De woorden worden weergegeven in drie kolommen om bestudering en zelftesten te vergemakkelijken
- Woorden in groepen worden verdeeld in kleine blokken om het leerproces te vergemakkelijken
- De woordenschat biedt een handige en eenvoudige beschrijving van elk buitenlands woord

De woordenschat bevat 198 onderwerpen zoals:

Basisconcepten, getallen, kleuren, maanden, seizoenen, meeteenheden, kleding en accessoires, eten & voeding, restaurant, familieleden, verwanten, karakter, gevoelens, emoties, ziekten, stad, dorp, bezienswaardigheden, winkelen, geld, huis, thuis, kantoor, werken op kantoor, import & export, marketing, werk zoeken, sport, onderwijs, computer, internet, gereedschap, natuur, landen, nationaliteiten en meer ...

INHOUDSOPGAVE

UITSPRAAKGIDS

T&P fonetisch alfabet	Tsjechisch voorbeeld	Nederlands voorbeeld
[a]	lavina [lavɪna]	acht
[aː]	banán [banaːn]	aan, maart
[e]	beseda [bɛsɛda]	delen, spreken
[ɛː]	chléb [xlɛːp]	zwemmen, existeren
[ɪ]	Bible [bɪblɛ]	iemand, die
[iː]	chudý [xudiː]	team, portier
[o]	epocha [ɛpoxa]	overeenkomst
[oː]	diagnóza [dɪagnoːza]	rood, knoop
[u]	dokument [dokumɛnt]	hoed, doe
[uː]	chůva [xuːva]	fuut, uur

[b]	babička [babɪtʃka]	hebben
[ts]	celnice [tsɛlnɪtsɛ]	niets, plaats
[tʃ]	vlčák [vltʃaːk]	Tsjechië, cello
[x]	archeologie [arxɛologɪe]	licht, school
[d]	delfín [dɛlfiːn]	Dank u, honderd
[dʲ]	Holanďan [holandʲan]	paadje, haarspeldje
[f]	atmosféra [atmosfɛːra]	feestdag, informeren
[g]	galaxie [galaksɪe]	goal, tango
[h]	knihovna [knɪhovna]	het, herhalen

[j]	jídlo [jiːdlo]	New York, januari
[k]	zaplakat [zaplakat]	kennen, kleur
[l]	chlapec [xlapɛts]	delen, luchter
[m]	modelář [modɛlaːrʃ]	morgen, etmaal
[n]	imunita [ɪmunɪta]	nemen, zonder
[nʲ]	báseň [baːsɛnʲ]	cognac, nieuw
[ŋk]	vstupenka [vstupɛŋka]	slank, herdenken
[p]	poločas [polotʃas]	parallel, koper
[r]	senátor [sɛnaːtor]	roepen, breken

[rʒ], [rʃ]	bouřka [bourʃka]	garage, journalist, Engels - pleasure
[s]	svoboda [svoboda]	spreken, kosten
[ʃ]	šiška [ʃɪʃka]	shampoo, machine
[t]	turista [turɪsta]	tomaat, taart
[tʲ]	poušť [pouʃtʲ]	kaartje, turkoois
[v]	veverka [vɛvɛrka]	beloven, schrijven
[z]	zapomínat [zapomiːnat]	zeven, zesde
[ʒ]	ložisko [loʒɪsko]	journalist, rouge

AFKORTINGEN
gebruikt in de woordenschat

Nederlandse afkortingen

abn	-	als bijvoeglijk naamwoord
bijv.	-	bijvoorbeeld
bn	-	bijvoeglijk naamwoord
bw	-	bijwoord
enk.	-	enkelvoud
enz.	-	enzovoort
form.	-	formele taal
inform.	-	informele taal
mann.	-	mannelijk
mil.	-	militair
mv.	-	meervoud
on.ww.	-	onovergankelijk werkwoord
ontelb.	-	ontelbaar
ov.	-	over
ov.ww.	-	overgankelijk werkwoord
telb.	-	telbaar
vn	-	voornaamwoord
vrouw.	-	vrouwelijk
vw	-	voegwoord
vz	-	voorzetsel
wisk.	-	wiskunde
ww	-	werkwoord

Nederlandse artikelen

de	-	gemeenschappelijk geslacht
de/het	-	gemeenschappelijk geslacht, onzijdig
het	-	onzijdig

Tsjechische afkortingen

ž	-	vrouwelijk zelfstandig naamwoord
ž mn	-	vrouwelijk meervoud
m	-	mannelijk zelfstandig naamwoord
m mn	-	mannelijk meervoud
m, ž	-	mannelijk, vrouwelijk

mn	-	meervoud
s	-	onzijdig
s mn	-	onzijdig meervoud

BASISBEGRIPPEN

Basisbegrippen Deel 1

1. Voornaamwoorden

ik	já	[ja:]
jij, je	ty	[tɪ]
hij	on	[on]
zij, ze	ona	[ona]
wij, we	my	[mɪ]
jullie	vy	[vɪ]
zij, ze (levenloos)	ony	[onɪ]
zij, ze (levend)	oni	[onɪ]

2. Begroetingen. Begroetingen. Afscheid

Hallo! Dag!	Dobrý den!	[dobri: dɛn]
Hallo!	Dobrý den!	[dobri: dɛn]
Goedemorgen!	Dobré jitro!	[dobrɛ: jɪtro]
Goedemiddag!	Dobrý den!	[dobri: dɛn]
Goedenavond!	Dobrý večer!	[dobri: vɛtʃɛr]
gedag zeggen (groeten)	zdravit	[zdravɪt]
Hoi!	Ahoj!	[ahoj]
groeten (het)	pozdrav (m)	[pozdraf]
verwelkomen (ww)	zdravit	[zdravɪt]
Hoe gaat het?	Jak se máte?	[jak sɛ ma:tɛ]
Is er nog nieuws?	Co je nového?	[tso jɛ novɛ:ho]
Dag! Tot ziens!	Na shledanou!	[na sxlɛdanou]
Tot snel! Tot ziens!	Brzy na shledanou!	[brzɪ na sxlɛdanou]
Vaarwel!	Sbohem!	[zbohɛm]
afscheid nemen (ww)	loučit se	[loutʃɪt sɛ]
Tot kijk!	Ahoj!	[ahoj]
Dank u!	Děkuji!	[dekujɪ]
Dank u wel!	Děkuji mnohokrát!	[dekujɪ mnohokra:t]
Graag gedaan	Prosím	[prosi:m]
Geen dank!	Nemoci se dočkat	[nɛmotsɪ sɛ dotʃkat]
Geen mooite.	Není zač	[nɛni: zatʃ]
Excuseer me, ... (inform.)	Promiň!	[promɪnʲ]
Excuseer me, ... (form.)	Promiňte!	[promɪnʲtɛ]
excuseren (verontschuldigen)	omlouvat	[omlouvat]

13

zich verontschuldigen	omlouvat se	[omlouvat sɛ]
Mijn excuses.	Má soustrast	[ma: soustrast]
Het spijt me!	Promiňte!	[promɪnʲtɛ]
vergeven (ww)	omlouvat	[omlouvat]
alsjeblieft	prosím	[prosi:m]

Vergeet het niet!	Nezapomeňte!	[nɛzapomɛnʲtɛ]
Natuurlijk!	Jistě!	[jɪste]
Natuurlijk niet!	Rozhodně ne!	[rozhodne nɛ]
Akkoord!	Souhlasím!	[souhlasi:m]
Zo is het genoeg!	Dost!	[dost]

3. Kardinale getallen. Deel 1

nul	nula (ž)	[nula]
een	jeden	[jɛdɛn]
twee	dva	[dva]
drie	tři	[trʃɪ]
vier	čtyři	[tʃtɪrʒɪ]

vijf	pět	[pet]
zes	šest	[ʃɛst]
zeven	sedm	[sɛdm]
acht	osm	[osm]
negen	devět	[dɛvet]

tien	deset	[dɛsɛt]
elf	jedenáct	[jɛdɛna:tst]
twaalf	dvanáct	[dvana:tst]
dertien	třináct	[trʃɪna:tst]
veertien	čtrnáct	[tʃtrna:tst]

vijftien	patnáct	[patna:tst]
zestien	šestnáct	[ʃɛstna:tst]
zeventien	sedmnáct	[sɛdmna:tst]
achttien	osmnáct	[osmna:tst]
negentien	devatenáct	[dɛvatɛna:tst]

twintig	dvacet	[dvatsɛt]
eenentwintig	dvacet jeden	[dvatsɛt jɛdɛn]
tweeëntwintig	dvacet dva	[dvatsɛt dva]
drieëntwintig	dvacet tři	[dvatsɛt trʃɪ]

dertig	třicet	[trʃɪtsɛt]
eenendertig	třicet jeden	[trʃɪtsɛt jɛdɛn]
tweeëndertig	třicet dva	[trʃɪtsɛt dva]
drieëndertig	třicet tři	[trʃɪtsɛt trʃɪ]

veertig	čtyřicet	[tʃtɪrʒɪtsɛt]
eenenveertig	čtyřicet jeden	[tʃtɪrʒɪtsɛt jɛdɛn]
tweeënveertig	čtyřicet dva	[tʃtɪrʒɪtsɛt dva]
drieënveertig	čtyřicet tři	[tʃtɪrʒɪtsɛt trʃɪ]
vijftig	padesát	[padesa:t]
eenenvijftig	padesát jeden	[padesa:t jɛdɛn]

| tweeënvijftig | padesát dva | [padesa:t dva] |
| drieënvijftig | padesát tři | [padesa:t trʃɪ] |

zestig	šedesát	[ʃɛdɛsa:t
eenenzestig	šedesát jeden	[ʃɛdɛsa:t jɛdɛn]
tweeënzestig	šedesát dva	[ʃɛdɛsa:t dva]
drieënzestig	šedesát tři	[ʃɛdɛsa:t trʃɪ]

zeventig	sedmdesát	[sɛdmdɛsa:t
eenenzeventig	sedmdesát jeden	[sɛdmdɛsa:t jɛdɛn]
tweeënzeventig	sedmdesát dva	[sɛdmdɛsa:t dva]
drieënzeventig	sedmdesát tři	[sɛdmdɛsa:t trʃɪ]

tachtig	osmdesát	[osmdɛsa:t
eenentachtig	osmdesát jeden	[osmdɛsa:t jɛdɛn]
tweeëntachtig	osmdesát dva	[osmdɛsa:t dva]
drieëntachtig	osmdesát tři	[osmdɛsa:t trʃɪ]

negentig	devadesát	[dɛvadɛsa:t
eenennegentig	devadesát jeden	[dɛvadɛsa:t jɛdɛn]
tweeënnegentig	devadesát dva	[dɛvadɛsa:t dva]
drieënnegentig	devadesát tři	[dɛvadɛsa:t trʃɪ]

4. Kardinale getallen. Deel 2

honderd	sto	[sto]
tweehonderd	dvě stě	[dve ste]
driehonderd	tři sta	[trʃɪ sta]
vierhonderd	čtyři sta	[tʃtɪrʒɪ sta]
vijfhonderd	pět set	[pet sɛt]

zeshonderd	šest set	[ʃɛst sɛt]
zevenhonderd	sedm set	[sɛdm sɛt]
achthonderd	osm set	[osm sɛt]
negenhonderd	devět set	[dɛvet sɛt]

duizend	tisíc (m)	[tɪsi:ʦ]
tweeduizend	dva tisíce	[dva tɪsi:ʦɛ]
drieduizend	tři tisíce	[trʃɪ tɪsi:ʦɛ]
tienduizend	deset tisíc	[dɛsɛt tɪsi:ʦ]
honderdduizend	sto tisíc	[sto tɪsi:ʦ]
miljoen (het)	milión (m)	[mɪlɪo:n]
miljard (het)	miliarda (ž)	[mɪlɪarda]

5. Getallen. Breuken

breukgetal (het)	zlomek (m)	[zlomɛk]
half	polovina (ž)	[polovɪna]
een derde	třetina (ž)	[trʃɛtɪna]
kwart	čtvrtina (ž)	[tʃtvrtɪna]
een achtste	osmina (ž)	[osmɪna]
een tiende	desetina (ž)	[dɛsɛtɪna]

| twee derde | dvě třetiny (ž) | [dve trʃɛtɪnɪ] |
| driekwart | tři čtvrtiny (ž) | [trʃɪ tʃtvrtɪnɪ] |

6. Getallen. Eenvoudige berekeningen

aftrekking (de)	odčítání (s)	[odtʃiːtaːniː]
aftrekken (ww)	odčítat	[odtʃiːtat]
deling (de)	dělení (s)	[delɛniː]
delen (ww)	dělit	[delɪt]

optelling (de)	sčítání (s)	[stʃiːtaːniː]
erbij optellen	sečíst	[sɛtʃiːst]
(bij elkaar voegen)		
optellen (ww)	přidávat	[prʃɪdaːvat]
vermenigvuldiging (de)	násobení (s)	[naːsobɛniː]
vermenigvuldigen (ww)	násobit	[naːsobɪt]

7. Getallen. Diversen

cijfer (het)	číslice (ž)	[tʃiːslɪtsɛ]
nummer (het)	číslo (s)	[tʃiːslo]
telwoord (het)	číslovka (ž)	[tʃiːslofka]
minteken (het)	minus (m)	[miːnus]
plusteken (het)	plus (m)	[plus]
formule (de)	vzorec (m)	[vzorɛts]

berekening (de)	vypočítávání (s)	[vɪpotʃiːtaːvaːniː]
tellen (ww)	počítat	[potʃiːtat]
bijrekenen (ww)	vypočítávat	[vɪpotʃiːtaːvat]
vergelijken (ww)	srovnávat	[srovnaːvat]

Hoeveel?	Kolik?	[kolɪk]
som (de), totaal (het)	součet (m)	[soutʃɛt]
uitkomst (de)	výsledek (m)	[viːslɛdɛk]
rest (de)	zůstatek (m)	[zuːstatɛk]
enkele (bijv. ~ minuten)	několik	[nekolɪk]
weinig (bw)	málo	[maːlo]
restant (het)	zbytek (m)	[zbɪtɛk]
anderhalf	půl druhého	[puːl druhɛːho]
dozijn (het)	tucet (m)	[tutsɛt]

middendoor (bw)	napolovic	[napolovɪts]
even (bw)	stejně	[stɛjne]
helft (de)	polovina (ž)	[polovɪna]
keer (de)	krát	[kraːt]

8. De belangrijkste werkwoorden. Deel 1

| aanbevelen (ww) | doporučovat | [doporutʃovat] |
| aandringen (ww) | trvat | [trvat] |

aankomen (per auto, enz.)	přijíždět	[prʃɪjiːʒdet]
aanraken (ww)	dotýkat se	[dotiːkat sɛ]
adviseren (ww)	radit	[radɪt]

afdalen (on.ww.)	jít dolů	[jiːt doluː]
afslaan (naar rechts ~)	zatáčet	[zataːtʃɛt]
antwoorden (ww)	odpovídat	[otpoviːdat]
bang zijn (ww)	bát se	[baːt sɛ]
bedreigen	vyhrožovat	[vɪhroʒovat]
(bijv. met een pistool)		

bedriegen (ww)	podvádět	[podvaːdet]
beëindigen (ww)	končit	[kontʃɪt]
beginnen (ww)	začínat	[zatʃiːnat]
begrijpen (ww)	rozumět	[rozumnet]
beheren (managen)	řídit	[rʒiːdɪt]

beledigen	urážet	[uraːʒet]
(met scheldwoorden)		
beloven (ww)	slibovat	[slɪbovat]
bereiden (koken)	vařit	[varʒɪt]
bespreken (spreken over)	projednávat	[projɛdnaːvat]

bestellen (eten ~)	objednávat	[objɛdnaːvat]
bestraffen (een stout kind ~)	trestat	[trɛstat]
betalen (ww)	platit	[platɪt]
betekenen (beduiden)	znamenat	[znamɛnat]
betreuren (ww)	litovat	[lɪtovat]

bevallen (prettig vinden)	líbit se	[liːbɪt sɛ]
bevelen (mil.)	rozkazovat	[roskazovat]
bevrijden (stad, enz.)	osvobozovat	[osvobozovat]
bewaren (ww)	zachovávat	[zaxovaːvat]
bezitten (ww)	vlastnit	[vlastnɪt]

bidden (praten met God)	modlit se	[modlɪt sɛ]
binnengaan (een kamer ~)	vcházet	[vxaːzet]
breken (ww)	lámat	[laːmat]
controleren (ww)	kontrolovat	[kontrolovat]
creëren (ww)	vytvořit	[vɪtvorʒɪt]

deelnemen (ww)	zúčastnit se	[zuːtʃastnɪt sɛ]
denken (ww)	myslit	[mɪslɪt]
doden (ww)	zabíjet	[zabiːjɛt]
doen (ww)	dělat	[delat]
dorst hebben (ww)	mít žízeň	[miːt ʒiːzɛɲ]

9. De belangrijkste werkwoorden. Deel 2

een hint geven	narážet	[naraːʒet]
eisen (met klem vragen)	žádat	[ʒaːdat]
existeren (bestaan)	existovat	[ɛgzɪstovat]
gaan (te voet)	jít	[jiːt]
gaan zitten (ww)	sednout si	[sɛdnout sɪ]

gaan zwemmen	koupat se	[koupat sε]
geven (ww)	dávat	[da:vat]
glimlachen (ww)	usmívat se	[usmi:vat sε]
goed raden (ww)	rozluštit	[rozluʃtɪt]

| grappen maken (ww) | žertovat | [ʒertovat] |
| graven (ww) | rýt | [ri:t] |

hebben (ww)	mít	[mi:t]
helpen (ww)	pomáhat	[poma:hat]
herhalen (opnieuw zeggen)	opakovat	[opakovat]
honger hebben (ww)	mít hlad	[mi:t hlat]

hopen (ww)	doufat	[doufat]
horen	slyšet	[slɪʃεt]
(waarnemen met het oor)		
huilen (wenen)	plakat	[plakat]
huren (huis, kamer)	pronajímat si	[pronaji:mat sɪ]
informeren (informatie geven)	informovat	[ɪnformovat]

instemmen (akkoord gaan)	souhlasit	[souhlasɪt]
jagen (ww)	lovit	[lovɪt]
kennen (kennis hebben	znát	[zna:t]
van iemand)		
kiezen (ww)	vybírat	[vɪbi:rat]
klagen (ww)	stěžovat si	[steʒovat sɪ]

kosten (ww)	stát	[sta:t]
kunnen (ww)	moci	[motsɪ]
lachen (ww)	smát se	[sma:t sε]
laten vallen (ww)	pouštět	[pouʃtet]
lezen (ww)	číst	[ʧi:st]

liefhebben (ww)	milovat	[mɪlovat]
lunchen (ww)	obědvat	[obedvat]
nemen (ww)	brát	[bra:t]
nodig zijn (ww)	být potřebný	[bi:t potrʃεbni:]

10. De belangrijkste werkwoorden. Deel 3

onderschatten (ww)	podceňovat	[podtsεnɪovat]
ondertekenen (ww)	podepisovat	[podεpɪsovat]
ontbijten (ww)	snídat	[sni:dat]
openen (ww)	otvírat	[otvi:rat]
ophouden (ww)	zastavovat	[zastavovat]
opmerken (zien)	všímat si	[vʃi:mat sɪ]

opscheppen (ww)	vychloubat se	[vɪxloubat sε]
opschrijven (ww)	zapisovat si	[zapɪsovat sɪ]
plannen (ww)	plánovat	[pla:novat]
prefereren (verkiezen)	dávat přednost	[da:vat prʃεdnost]
proberen (trachten)	zkoušet	[skouʃet]
redden (ww)	zachraňovat	[zaxranɪovat]
rekenen op ...	spoléhat na ...	[spolε:hat na]

rennen (ww)	běžet	[beʒet]
reserveren	rezervovat	[rɛzɛrvovat]
(een hotelkamer ~)		
roepen (om hulp)	volat	[volat]
schieten (ww)	střílet	[strʃi:lɛt]
schreeuwen (ww)	křičet	[krʃɪtʃet]

schrijven (ww)	psát	[psa:t]
souperen (ww)	večeřet	[vɛtʃɛrʒɛt]
spelen (kinderen)	hrát	[hra:t]
spreken (ww)	mluvit	[mluvɪt]
stelen (ww)	krást	[kra:st]
stoppen (pauzeren)	zastavovat se	[zastavovat sɛ]

studeren (Nederlands ~)	studovat	[studovat]
sturen (zenden)	odesílat	[odɛsi:lat]
tellen (optellen)	počítat	[potʃi:tat]
toebehoren aan ...	patřit	[patrʃɪt]
toestaan (ww)	dovolovat	[dovolovat]
tonen (ww)	ukazovat	[ukazovat]

twijfelen (onzeker zijn)	pochybovat	[poxɪbovat]
uitgaan (ww)	vycházet	[vɪxa:zɛt]
uitnodigen (ww)	zvát	[zva:t]
uitspreken (ww)	vyslovovat	[vɪslovovat]
uitvaren tegen (ww)	nadávat	[nada:vat]

11. De belangrijkste werkwoorden. Deel 4

vallen (ww)	padat	[padat]
vangen (ww)	chytat	[xɪtat]
veranderen (anders maken)	změnit	[zmnenɪt]
verbaasd zijn (ww)	divit se	[dɪvɪt sɛ]
verbergen (ww)	schovávat	[sxova:vat]

verdedigen (je land ~)	bránit	[bra:nɪt]
verenigen (ww)	sjednocovat	[sjɛdnotsovat]
vergelijken (ww)	porovnávat	[porovna:vat]
vergeten (ww)	zapomínat	[zapomi:nat]
vergeven (ww)	odpouštět	[otpouʃtet]

verklaren (uitleggen)	vysvětlovat	[vɪsvetlovat]
verkopen (per stuk ~)	prodávat	[proda:vat]
vermelden (praten over)	zmiňovat se	[zmɪňoval sɛ]
versieren (decoreren)	zdobit	[zdobɪt]
vertalen (ww)	překládat	[prʃɛkla:dat]

vertrouwen (ww)	důvěřovat	[du:verʒovat]
vervolgen (ww)	pokračovat	[pokratʃovat]
verwarren (met elkaar ~)	plést	[plɛ:st]
verzoeken (ww)	prosit	[prosɪt]
verzuimen (school, enz.)	zameškávat	[zamɛʃka:vat]
vinden (ww)	nacházet	[naxa:zɛt]
vliegen (ww)	letět	[lɛtet]

volgen (ww)	následovat	[naːslɛdovat]
voorstellen (ww)	nabízet	[nabiːzɛt]
voorzien (verwachten)	předvídat	[prʃɛdviːdat]
vragen (ww)	ptát se	[ptaːt sɛ]

waarnemen (ww)	pozorovat	[pozorovat]
waarschuwen (ww)	upozorňovat	[upozornʲovat]
wachten (ww)	čekat	[ʧɛkat]
weerspreken (ww)	namítat	[namiːtat]
weigeren (ww)	odmítat	[odmiːtat]

werken (ww)	pracovat	[pratsovat]
weten (ww)	vědět	[vedet]
willen (verlangen)	chtít	[xtiːt]
zeggen (ww)	říci	[rʒiːʦɪ]
zich haasten (ww)	spěchat	[spexat]

zich interesseren voor ...	zajímat se	[zajiːmat sɛ]
zich vergissen (ww)	mýlit se	[miːlɪt sɛ]
zich verontschuldigen	omlouvat se	[omlouvat sɛ]
zien (ww)	vidět	[vɪdet]

zoeken (ww)	hledat	[hlɛdat]
zwemmen (ww)	plavat	[plavat]
zwijgen (ww)	mlčet	[mlʧɛt]

12. Kleuren

kleur (de)	barva (ž)	[barva]
tint (de)	odstín (m)	[otstiːn]
kleurnuance (de)	tón (m)	[toːn]
regenboog (de)	duha (ž)	[duha]

wit (bn)	bílý	[biːliː]
zwart (bn)	černý	[ʧɛrniː]
grijs (bn)	šedý	[ʃɛdiː]

groen (bn)	zelený	[zɛlɛniː]
geel (bn)	žlutý	[ʒlutiː]
rood (bn)	červený	[ʧɛrvɛniː]

blauw (bn)	modrý	[modriː]
lichtblauw (bn)	bledě modrý	[blɛde modriː]
roze (bn)	růžový	[ruːʒoviː]
oranje (bn)	oranžový	[oranʒoviː]
violet (bn)	fialový	[fɪaloviː]
bruin (bn)	hnědý	[hnediː]

| goud (bn) | zlatý | [zlatiː] |
| zilverkleurig (bn) | stříbřitý | [strʃiːbrʒɪtiː] |

beige (bn)	béžový	[bɛːʒoviː]
roomkleurig (bn)	krémový	[krɛːmoviː]
turkoois (bn)	tyrkysový	[tɪrkɪsoviː]

kersrood (bn)	višňový	[vɪʃnʲovi:]
lila (bn)	lila	[lɪla]
karmijnrood (bn)	malinový	[malɪnovi:]

licht (bn)	světlý	[svetli:]
donker (bn)	tmavý	[tmavi:]
fel (bn)	jasný	[jasni:]

kleur-, kleurig (bn)	barevný	[barɛvni:]
kleuren- (abn)	barevný	[barɛvni:]
zwart-wit (bn)	černobílý	[tʃɛrnobi:li:]
eenkleurig (bn)	jednobarevný	[jɛdnobarɛvni:]
veelkleurig (bn)	různobarevný	[ru:znobarɛvni:]

13. Vragen

Wie?	Kdo?	[gdo]
Wat?	Co?	[tso]
Waar?	Kde?	[gdɛ]
Waarheen?	Kam?	[kam]
Waarvandaan?	Odkud?	[otkut]
Wanneer?	Kdy?	[gdɪ]
Waarom?	Proč?	[protʃ]
Waarom?	Proč?	[protʃ]

Waarvoor dan ook?	Na co?	[na tso]
Hoe?	Jak?	[jak]
Wat voor ...?	Jaký?	[jaki:]
Welk?	Který?	[ktɛri:]

Aan wie?	Komu?	[komu]
Over wie?	O kom?	[o kom]
Waarover?	O čem?	[o tʃɛm]
Met wie?	S kým?	[s ki:m]

| Hoeveel? | Kolik? | [kolɪk] |
| Van wie? (mann.) | Čí? | [tʃi:] |

14. Functiewoorden. Bijwoorden. Deel 1

Waar?	Kde?	[gdɛ]
hier (bw)	zde	[zdɛ]
daar (bw)	tam	[tam]

| ergens (bw) | někde | [negdɛ] |
| nergens (bw) | nikde | [nɪgdɛ] |

| bij ... (in de buurt) | u ... | [u] |
| bij het raam | u okna | [u okna] |

| Waarheen? | Kam? | [kam] |
| hierheen (bw) | sem | [sɛm] |

21

daarheen (bw)	tam	[tam]
hiervandaan (bw)	odsud	[otsut]
daarvandaan (bw)	odtamtud	[odtamtut]

dichtbij (bw)	blízko	[bli:sko]
ver (bw)	daleko	[dalɛko]

in de buurt (van ...)	kolem	[kolɛm]
dichtbij (bw)	poblíž	[pobli:ʒ]
niet ver (bw)	nedaleko	[nɛdalɛko]

linker (bn)	levý	[lɛvi:]
links (bw)	zleva	[zlɛva]
linksaf, naar links (bw)	vlevo	[vlɛvo]

rechter (bn)	pravý	[pravi:]
rechts (bw)	zprava	[sprava]
rechtsaf, naar rechts (bw)	vpravo	[vpravo]

vooraan (bw)	zpředu	[sprʃɛdu]
voorste (bn)	přední	[prʃɛdni:]
vooruit (bw)	vpřed	[vprʃɛt]

achter (bw)	za	[za]
van achteren (bw)	zezadu	[zɛzadu]
achteruit (naar achteren)	zpět	[spet]

midden (het)	střed (m)	[strʃɛt]
in het midden (bw)	uprostřed	[uprostrʃɛt]

opzij (bw)	z boku	[z boku]
overal (bw)	všude	[vʃudɛ]
omheen (bw)	kolem	[kolɛm]

binnenuit (bw)	zevnitř	[zɛvnɪtrʃ]
naar ergens (bw)	někam	[nekam]
rechtdoor (bw)	přímo	[prʃi:mo]
terug (bijv. ~ komen)	zpět	[spet]

ergens vandaan (bw)	odněkud	[odnekut]
ergens vandaan (en dit geld moet ~ komen)	odněkud	[odnekut]

ten eerste (bw)	za prvé	[za prvɛ:]
ten tweede (bw)	za druhé	[za druhɛ:]
ten derde (bw)	za třetí	[za trʃeti:]

plotseling (bw)	najednou	[najɛdnou]
in het begin (bw)	zpočátku	[spotʃa:tku]
voor de eerste keer (bw)	poprvé	[poprvɛ:]
lang voor ... (bw)	dávno před ...	[da:vno prʃɛt]
opnieuw (bw)	znovu	[znovu]
voor eeuwig (bw)	navždy	[navʒdɪ]

nooit (bw)	nikdy	[nɪgdɪ]
weer (bw)	opět	[opet]

nu (bw)	nyní	[nɪni:]
vaak (bw)	často	[ʧasto]
toen (bw)	tehdy	[tɛhdɪ]
urgent (bw)	neodkladně	[nɛotkladne]
meestal (bw)	obyčejně	[obɪʧɛjne]

trouwens, ... (tussen haakjes)	mimochodem	[mɪmoxodɛm]
mogelijk (bw)	možná	[moʒna:]
waarschijnlijk (bw)	asi	[asɪ]
misschien (bw)	možná	[moʒna:]
trouwens (bw)	kromě toho ...	[kromne toho]
daarom ...	proto ...	[proto]
in weerwil van ...	nehledě na ...	[nɛhlɛde na]
dankzij ...	díky ...	[di:kɪ]

wat (vn)	co	[ʦo]
dat (vw)	že	[ʒe]
iets (vn)	něco	[neʦo]
iets	něco	[neʦo]
niets (vn)	nic	[nɪʦ]

wie (~ is daar?)	kdo	[gdo]
iemand (een onbekende)	někdo	[negdo]
iemand (een bepaald persoon)	někdo	[negdo]

niemand (vn)	nikdo	[nɪgdo]
nergens (bw)	nikam	[nɪkam]
niemands (bn)	ničí	[nɪʧi:]
iemands (bn)	něčí	[neʧi:]

zo (Ik ben ~ blij)	tak	[tak]
ook (evenals)	také	[takɛ:]
alsook (eveneens)	také	[takɛ:]

15. Functiewoorden. Bijwoorden. Deel 2

Waarom?	Proč?	[proʧ]
om een bepaalde reden	z nějakých důvodů	[z nejaki:x du:vodu:]
omdat ...	protože ...	[protoʒe]
voor een bepaald doel	z nějakých důvodů	[z nejaki:x du:vodu:]

en (vw)	a	[a]
of (vw)	nebo	[nɛbo]
maar (vw)	ale	[alɛ]
voor (vz)	pro	[pro]

te (~ veel mensen)	příliš	[prʃi:lɪʃ]
alleen (bw)	jenom	[jɛnom]
precies (bw)	přesně	[prʃɛsne]
ongeveer (~ 10 kg)	kolem	[kolɛm]
omstreeks (bw)	přibližně	[prʃɪblɪʒne]
bij benadering (bn)	přibližný	[prʃɪblɪʒni:]

bijna (bw)	skoro	[skoro]
rest (de)	zbytek (m)	[zbɪtɛk]

elk (bn)	každý	[kaʒdiː]
om het even welk	každý	[kaʒdiː]
veel (grote hoeveelheid)	mnoho	[mnoho]
veel mensen	mnozí	[mnoziː]
iedereen (alle personen)	všichni	[vʃɪxnɪ]

in ruil voor ...	výměnou za ...	[viːmnenou za]
in ruil (bw)	místo	[miːsto]
met de hand (bw)	ručně	[rutʃne]
onwaarschijnlijk (bw)	sotva	[sotva]

waarschijnlijk (bw)	asi	[asɪ]
met opzet (bw)	schválně	[sxvaːlne]
toevallig (bw)	náhodou	[naːhodou]

zeer (bw)	velmi	[vɛlmɪ]
bijvoorbeeld (bw)	například	[naprʃiːklat]
tussen (~ twee steden)	mezi	[mɛzɪ]
tussen (te midden van)	mezi	[mɛzɪ]
zoveel (bw)	tolik	[tolɪk]
vooral (bw)	zejména	[zɛjmɛːna]

Basisbegrippen Deel 2

16. Dagen van de week

maandag (de)	pondělí (s)	[pondeli:]
dinsdag (de)	úterý (s)	[u:tɛri:]
woensdag (de)	středa (ž)	[strʃɛda]
donderdag (de)	čtvrtek (m)	[ʧtvrtɛk]
vrijdag (de)	pátek (m)	[pa:tɛk]
zaterdag (de)	sobota (ž)	[sobota]
zondag (de)	neděle (ž)	[nɛdɛlɛ]

vandaag (bw)	dnes	[dnɛs]
morgen (bw)	zítra	[zi:tra]
overmorgen (bw)	pozítří	[pozi:trʃi:]
gisteren (bw)	včera	[vʧɛra]
eergisteren (bw)	předevčírem	[prʃɛdɛvʧi:rɛm]

dag (de)	den (m)	[dɛn]
werkdag (de)	pracovní den (m)	[praʦovni: dɛn]
feestdag (de)	sváteční den (m)	[sva:tɛʧni: dɛn]
verlofdag (de)	volno (s)	[volno]
weekend (het)	víkend (m)	[vi:kɛnt]

de hele dag (bw)	celý den	[ʦɛli: dɛn]
de volgende dag (bw)	příští den	[prʃi:ʃti: dɛn]
twee dagen geleden	před dvěma dny	[prʃɛd dvɛma dnɪ]
aan de vooravond (bw)	den předtím	[dɛn prʃɛdti:m]
dag-, dagelijks (bn)	denní	[dɛnni:]
elke dag (bw)	denně	[dɛnne]

week (de)	týden (m)	[ti:dɛn]
vorige week (bw)	minulý týden	[mɪnuli: ti:dɛn]
volgende week (bw)	příští týden	[prʃi:ʃti: ti:dɛn]
wekelijks (bn)	týdenní	[ti:dɛnni:]
elke week (bw)	týdně	[ti:dne]
twee keer per week	dvakrát týdně	[dvakra:t ti:dne]
elke dinsdag	každé úterý	[kaʒdɛ: u:tɛri:]

17. Uren. Dag en nacht

morgen (de)	ráno (s)	[ra:no]
's morgens (bw)	ráno	[ra:no]
middag (de)	poledne (s)	[polɛdnɛ]
's middags (bw)	odpoledne	[otpolɛdnɛ]

avond (de)	večer (m)	[vɛʧɛr]
's avonds (bw)	večer	[vɛʧɛr]

25

nacht (de)	noc (ž)	[nots]
's nachts (bw)	v noci	[v notsɪ]
middernacht (de)	půlnoc (ž)	[pu:lnots]

seconde (de)	sekunda (ž)	[sɛkunda]
minuut (de)	minuta (ž)	[mɪnuta]
uur (het)	hodina (ž)	[hodɪna]
halfuur (het)	půlhodina (ž)	[pu:lhodɪna]
kwartier (het)	čtvrthodina (ž)	[ʧtvrthodɪna]
vijftien minuten	patnáct minut	[patna:tst mɪnut]
etmaal (het)	den a noc	[dɛn a nots]

zonsopgang (de)	východ (m) slunce	[vi:xod sluntsɛ]
dageraad (de)	úsvit (m)	[u:svɪt]
vroege morgen (de)	časné ráno (s)	[ʧasnɛ: ra:no]
zonsondergang (de)	západ (m) slunce	[za:pat sluntsɛ]

's morgens vroeg (bw)	brzy ráno	[brzɪ ra:no]
vanmorgen (bw)	dnes ráno	[dnɛs ra:no]
morgenochtend (bw)	zítra ráno	[zi:tra ra:no]
vanmiddag (bw)	dnes odpoledne	[dnɛs otpolɛdnɛ]
's middags (bw)	odpoledne	[otpolɛdnɛ]
morgenmiddag (bw)	zítra odpoledne	[zi:tra otpolɛdnɛ]
vanavond (bw)	dnes večer	[dnɛs vɛʧɛr]
morgenavond (bw)	zítra večer	[zi:tra vɛʧɛr]

klokslag drie uur	přesně ve tři hodiny	[prʃɛsne vɛ trʃɪ hodɪnɪ]
ongeveer vier uur	kolem čtyř hodin	[kolɛm ʧtɪrʒ hodɪn]
tegen twaalf uur	do dvanácti hodin	[do dvana:tstɪ hodɪn]

over twintig minuten	za dvacet minut	[za dvatsɛt mɪnut]
over een uur	za hodinu	[za hodɪnu]
op tijd (bw)	včas	[vʧas]

kwart voor ...	tři čtvrtě	[trʃɪ ʧtvrte]
binnen een uur	během hodiny	[bɛhɛm hodɪnɪ]
elk kwartier	každých patnáct minut	[kaʒdi:x patna:tst mɪnut]
de klok rond	celodenně	[tsɛlodɛnne]

18. Maanden. Seizoenen

januari (de)	leden (m)	[lɛdɛn]
februari (de)	únor (m)	[u:nor]
maart (de)	březen (m)	[brʒɛzɛn]
april (de)	duben (m)	[dubɛn]
mei (de)	květen (m)	[kvetɛn]
juni (de)	červen (m)	[ʧɛrvɛn]

juli (de)	červenec (m)	[ʧɛrvɛnɛts]
augustus (de)	srpen (m)	[srpɛn]
september (de)	září (s)	[za:rʒi:]
oktober (de)	říjen (m)	[rʒi:jɛn]
november (de)	listopad (m)	[lɪstopat]
december (de)	prosinec (m)	[prosɪnɛts]

lente (de)	jaro (s)	[jaro]
in de lente (bw)	na jaře	[na jarʒɛ]
lente- (abn)	jarní	[jarni:]

zomer (de)	léto (s)	[lɛ:to]
in de zomer (bw)	v létě	[v lɛ:te]
zomer-, zomers (bn)	letní	[lɛtni:]

herfst (de)	podzim (m)	[podzɪm]
in de herfst (bw)	na podzim	[na podzɪm]
herfst- (abn)	podzimní	[podzɪmni:]

winter (de)	zima (ž)	[zɪma]
in de winter (bw)	v zimě	[v zɪmne]
winter- (abn)	zimní	[zɪmni:]

maand (de)	měsíc (m)	[mnesi:ts]
deze maand (bw)	tento měsíc	[tɛnto mnesi:ts]
volgende maand (bw)	příští měsíc	[prʃi:ʃti: mnesi:ts]
vorige maand (bw)	minulý měsíc	[mɪnuli: mnesi:ts]

een maand geleden (bw)	před měsícem	[prʃɛd mnesi:tsɛm]
over een maand (bw)	za měsíc	[za mnesi:ts]
over twee maanden (bw)	za dva měsíce	[za dva mnesi:tsɛ]
de hele maand (bw)	celý měsíc	[tsɛli: mnesi:ts]
een volle maand (bw)	celý měsíc	[tsɛli: mnesi:ts]

maand-, maandelijks (bn)	měsíční	[mnesi:tʃni:]
maandelijks (bw)	každý měsíc	[kaʒdi: mnesi:ts]
elke maand (bw)	měsíčně	[mnesi:tʃne]
twee keer per maand	dvakrát měsíčně	[dvakra:t mnesi:tʃne]

jaar (het)	rok (m)	[rok]
dit jaar (bw)	letos	[lɛtos]
volgend jaar (bw)	příští rok	[prʃi:ʃti: rok]
vorig jaar (bw)	vloni	[vlonɪ]

een jaar geleden (bw)	před rokem	[prʃɛd rokɛm]
over een jaar	za rok	[za rok]
over twee jaar	za dva roky	[za dva rokɪ]
het hele jaar	celý rok	[tsɛli: rok]
een vol jaar	celý rok	[tsɛli: rok]

elk jaar	každý rok	[kaʒdi: rok]
jaar-, jaarlijks (bn)	každoroční	[kaʒdorotʃni:]
jaarlijks (bw)	každoročně	[kaʒdorotʃne]
4 keer per jaar	čtyřikrát za rok	[tʃtɪrʒɪkra:t za rok]

datum (de)	datum (s)	[datum]
datum (de)	datum (s)	[datum]
kalender (de)	kalendář (m)	[kalɛnda:rʃ]

een half jaar	půl roku	[pu:l roku]
zes maanden	půlrok (m)	[pu:lrok]
seizoen (bijv. lente, zomer)	období (s)	[obdobi:]
eeuw (de)	století (s)	[stolɛti:]

19. Tijd. Diversen

tijd (de)	čas (m)	[ʧas]
ogenblik (het)	okamžik (m)	[okamʒɪk]
moment (het)	okamžik (m)	[okamʒɪk]
ogenblikkelijk (bn)	okamžitý	[okamʒɪti:]
tijdsbestek (het)	časový úsek (m)	[ʧasovi: u:sɛk]
leven (het)	život (m)	[ʒɪvot]
eeuwigheid (de)	věčnost (ž)	[veʧnost]

epoche (de), tijdperk (het)	epocha (ž)	[ɛpoxa]
era (de), tijdperk (het)	éra (ž)	[ɛ:ra]
cyclus (de)	cyklus (m)	[ʦɪklus]
periode (de)	období (s)	[obdobi:]
termijn (vastgestelde periode)	doba (ž)	[doba]

toekomst (de)	budoucnost (ž)	[budouʦnost]
toekomstig (bn)	příští	[prʃi:ʃti:]
de volgende keer	příště	[prʃi:ʃte]
verleden (het)	minulost (ž)	[mɪnulost]
vorig (bn)	minulý	[mɪnuli:]
de vorige keer	minule	[mɪnulɛ]

later (bw)	později	[pozdejɪ]
na (~ het diner)	po	[po]
tegenwoordig (bw)	nyní	[nɪni:]
nu (bw)	teď	[tɛtʲ]
onmiddellijk (bw)	okamžitě	[okamʒɪte]
snel (bw)	brzo	[brzo]
bij voorbaat (bw)	předem	[prʃɛdɛm]

lang geleden (bw)	dávno	[da:vno]
kort geleden (bw)	nedávno	[nɛda:vno]
noodlot (het)	osud (m)	[osut]
herinneringen (mv.)	paměť (ž)	[pamnetʲ]
archief (het)	archív (m)	[arxi:ʃ]

tijdens ... (ten tijde van)	během ...	[behɛm]
lang (bw)	dlouho	[dlouho]
niet lang (bw)	nedlouho	[nɛdlouho]
vroeg (bijv. ~ in de ochtend)	brzy	[brzɪ]
laat (bw)	pozdě	[pozde]

voor altijd (bw)	navždy	[navʒdɪ]
beginnen (ww)	začínat	[zaʧi:nat]
uitstellen (ww)	posunout	[posunout]

tegelijkertijd (bw)	současně	[souʧasne]
voortdurend (bw)	stále	[sta:lɛ]
voortdurend	neustálý	[nɛusta:li:]
tijdelijk (bn)	dočasný	[doʧasni:]

soms (bw)	někdy	[negdɪ]
zelden (bw)	málokdy	[ma:logdɪ]
vaak (bw)	často	[ʧasto]

20. Tegenovergestelden

rijk (bn)	bohatý	[bohati:]
arm (bn)	chudý	[xudi:]
ziek (bn)	nemocný	[nɛmotsni:]
gezond (bn)	zdravý	[zdravi:]
groot (bn)	velký	[vɛlki:]
klein (bn)	malý	[mali:]
snel (bw)	rychle	[rɪxlɛ]
langzaam (bw)	pomalu	[pomalu]
snel (bn)	rychlý	[rɪxli:]
langzaam (bn)	pomalý	[pomali:]
vrolijk (bn)	veselý	[vɛsɛli:]
treurig (bn)	smutný	[smutni:]
samen (bw)	spolu	[spolu]
apart (bw)	zvlášť	[zvla:ʃtʲ]
hardop (~ lezen)	nahlas	[nahlas]
stil (~ lezen)	pro sebe	[pro sɛbɛ]
hoog (bn)	vysoký	[vɪsoki:]
laag (bn)	nízký	[ni:ski:]
diep (bn)	hluboký	[hluboki:]
ondiep (bn)	mělký	[mnelki:]
ja	ano	[ano]
nee	ne	[nɛ]
ver (bn)	daleký	[dalɛki:]
dicht (bn)	blízký	[bli:ski:]
ver (bw)	daleko	[dalɛko]
dichtbij (bw)	vedle	[vɛdlɛ]
lang (bn)	dlouhý	[dlouhi:]
kort (bn)	krátký	[kra:tki:]
vriendelijk (goedhartig)	dobrý	[dobri:]
kwaad (bn)	zlý	[zli:]
gehuwd (mann.)	ženatý	[ʒenati:]
ongehuwd (mann.)	svobodný	[svobodni:]
verbieden (ww)	zakázat	[zaka:zat]
toestaan (ww)	dovolit	[dovolɪt]
einde (het)	konec (m)	[konɛts]
begin (het)	začátek (m)	[zatʃa:tɛk]

| linker (bn) | levý | [lɛvi:] |
| rechter (bn) | pravý | [pravi:] |

| eerste (bn) | první | [prvni:] |
| laatste (bn) | poslední | [poslɛdni:] |

| misdaad (de) | zločin (m) | [zlotʃɪn] |
| bestraffing (de) | trest (m) | [trɛst] |

| bevelen (ww) | rozkázat | [roska:zat] |
| gehoorzamen (ww) | podřídit se | [podrʒi:dɪt sɛ] |

| recht (bn) | přímý | [prʃi:mi:] |
| krom (bn) | křivý | [krʃɪvi:] |

| paradijs (het) | ráj (m) | [ra:j] |
| hel (de) | peklo (s) | [pɛklo] |

| geboren worden (ww) | narodit se | [narodɪt sɛ] |
| sterven (ww) | umřít | [umrʒi:t] |

| sterk (bn) | silný | [sɪlni:] |
| zwak (bn) | slabý | [slabi:] |

| oud (bn) | starý | [stari:] |
| jong (bn) | mladý | [mladi:] |

| oud (bn) | starý | [stari:] |
| nieuw (bn) | nový | [novi:] |

| hard (bn) | tvrdý | [tvrdi:] |
| zacht (bn) | měkký | [mneki:] |

| warm (bn) | teplý | [tɛpli:] |
| koud (bn) | studený | [studɛni:] |

| dik (bn) | tlustý | [tlusti:] |
| dun (bn) | hubený | [hubɛni:] |

| smal (bn) | úzký | [u:ski:] |
| breed (bn) | široký | [ʃɪroki:] |

| goed (bn) | dobrý | [dobri:] |
| slecht (bn) | špatný | [ʃpatni:] |

| moedig (bn) | chrabrý | [xrabri:] |
| laf (bn) | bázlivý | [ba:zlɪvi:] |

21. Lijnen en vormen

vierkant (het)	čtverec (m)	[tʃtvɛrɛts]
vierkant (bn)	čtvercový	[tʃtvɛrtsovi:]
cirkel (de)	kruh (m)	[krux]
rond (bn)	kulatý	[kulati:]

driehoek (de)	trojúhelník (m)	[troju:hɛlni:k]
driehoekig (bn)	trojúhelníkový	[troju:hɛlni:kovi:]
ovaal (het)	ovál (m)	[ova:l]
ovaal (bn)	oválný	[ova:lni:]

| rechthoek (de) | obdélník (m) | [obdɛ:lni:k] |
| rechthoekig (bn) | obdélníkový | [obdɛ:lni:kovi:] |

piramide (de)	jehlan (m)	[jɛhlan]
ruit (de)	kosočtverec (m)	[kosoʧtvɛrɛts]
trapezium (het)	lichoběžník (m)	[lɪxobeʒni:k]
kubus (de)	krychle (ž)	[krɪxlɛ]
prisma (het)	hranol (m)	[hranol]

omtrek (de)	kružnice (ž)	[kruʒnɪtsɛ]
bol, sfeer (de)	sféra (ž)	[sfɛ:ra]
bal (de)	koule (ž)	[koulɛ]

diameter (de)	průměr (m)	[pru:mner]
straal (de)	poloměr (m)	[polomner]
omtrek (~ van een cirkel)	obvod (m)	[obvot]
middelpunt (het)	střed (m)	[strʃɛt]

horizontaal (bn)	vodorovný	[vodorovni:]
verticaal (bn)	svislý	[svɪsli:]
parallel (de)	rovnoběžka (ž)	[rovnobeʃka]
parallel (bn)	paralelní	[paralɛlni:]

lijn (de)	linie (ž)	[lɪnɪe]
streep (de)	čára (ž)	[ʧa:ra]
rechte lijn (de)	přímka (ž)	[prʃi:mka]
kromme (de)	křivka (ž)	[krʃɪfka]
dun (bn)	tenký	[tɛŋki:]
omlijning (de)	obrys (m)	[obrɪs]

snijpunt (het)	průsečík (m)	[pru:sɛʧi:k]
rechte hoek (de)	pravý úhel (m)	[pravi: u:hɛl]
segment (het)	segment (m)	[sɛgmɛnt]
sector (de)	sektor (m)	[sɛktor]
zijde (de)	strana (ž)	[strana]
hoek (de)	úhel (m)	[u:hɛl]

22. Meeteenheden

gewicht (het)	váha (ž)	[va:ha]
lengte (de)	délka (ž)	[dɛ:lka]
breedte (de)	šířka (ž)	[ʃi:rʃka]
hoogte (de)	výška (ž)	[vi:ʃka]
diepte (de)	hloubka (ž)	[hloupka]
volume (het)	objem (m)	[objɛm]
oppervlakte (de)	plocha (ž)	[plöxa]

| gram (het) | gram (m) | [gram] |
| milligram (het) | miligram (m) | [mɪlɪgram] |

31

kilogram (het)	kilogram (m)	[kɪlogram]
ton (duizend kilo)	tuna (ž)	[tuna]
pond (het)	libra (ž)	[lɪbra]
ons (het)	unce (ž)	[untsɛ]

meter (de)	metr (m)	[mɛtr]
millimeter (de)	milimetr (m)	[mɪlɪmɛtr]
centimeter (de)	centimetr (m)	[tsɛntɪmɛtr]
kilometer (de)	kilometr (m)	[kɪlomɛtr]
mijl (de)	míle (ž)	[mi:lɛ]

duim (de)	coul (m)	[tsoul]
voet (de)	stopa (ž)	[stopa]
yard (de)	yard (m)	[jart]

vierkante meter (de)	čtvereční metr (m)	[tʃtvɛrɛtʃni: mɛtr]
hectare (de)	hektar (m)	[hɛktar]

liter (de)	litr (m)	[lɪtr]
graad (de)	stupeň (m)	[stupɛnʲ]
volt (de)	volt (m)	[volt]
ampère (de)	ampér (m)	[ampɛ:r]
paardenkracht (de)	koňská síla (ž)	[konʲska: si:la]

hoeveelheid (de)	množství (s)	[mnoʒstvi:]
een beetje …	trochu …	[troxu]
helft (de)	polovina (ž)	[polovɪna]
dozijn (het)	tucet (m)	[tutsɛt]
stuk (het)	kus (m)	[kus]

afmeting (de)	rozměr (m)	[rozmner]
schaal (bijv. ~ van 1 op 50)	měřítko (s)	[mnerʒi:tko]

minimaal (bn)	minimální	[mɪnɪma:lni:]
minste (bn)	nejmenší	[nɛjmɛnʃi:]
medium (bn)	střední	[strʃɛdni:]
maximaal (bn)	maximální	[maksɪma:lni:]
grootste (bn)	největší	[nɛjvetʃi:]

23. Containers

glazen pot (de)	sklenice (ž)	[sklɛnɪtsɛ]
blik (conserven~)	plechovka (ž)	[plɛxofka]
emmer (de)	vědro (s)	[vedro]
ton (bijv. regenton)	sud (m)	[sut]

ronde waterbak (de)	mísa (ž)	[mi:sa]
tank (bijv. watertank-70-ltr)	nádrž (ž)	[na:drʃ]
heupfles (de)	plochá láhev (ž)	[ploxa: la:gɛf]
jerrycan (de)	kanystr (m)	[kanɪstr]
tank (bijv. ketelwagen)	cisterna (ž)	[tsɪstɛrna]

beker (de)	hrníček (m)	[hrni:tʃɛk]
kopje (het)	šálek (m)	[ʃa:lɛk]

schoteltje (het)	talířek (m)	[tali:rʒɛk]
glas (het)	sklenice (ž)	[sklɛnɪtsɛ]
wijnglas (het)	sklenka (ž)	[sklɛŋka]
pan (de)	hrnec (m)	[hrnɛts]

| fles (de) | láhev (ž) | [la:hɛf] |
| flessenhals (de) | hrdlo (s) | [hrdlo] |

karaf (de)	karafa (ž)	[karafa]
kruik (de)	džbán (m)	[dʒba:n]
vat (het)	nádoba (ž)	[na:doba]
pot (de)	hrnec (m)	[hrnɛts]
vaas (de)	váza (ž)	[va:za]

flacon (de)	flakón (m)	[flako:n]
flesje (het)	lahvička (ž)	[lahvɪtʃka]
tube (bijv. ~ tandpasta)	tuba (ž)	[tuba]

zak (bijv. ~ aardappelen)	pytel (m)	[pɪtɛl]
tasje (het)	sáček (m)	[sa:tʃɛk]
pakje (~ sigaretten, enz.)	balíček (m)	[bali:tʃɛk]

doos (de)	krabice (ž)	[krabɪtsɛ]
kist (de)	schránka (ž)	[sxra:ŋka]
mand (de)	koš (m)	[koʃ]

24. Materialen

materiaal (het)	materiál (m)	[matɛrɪa:l]
hout (het)	dřevo (s)	[drʒɛvo]
houten (bn)	dřevěný	[drʒɛveni:]

| glas (het) | sklo (s) | [sklo] |
| glazen (bn) | skleněný | [sklɛneni:] |

| steen (de) | kámen (m) | [ka:mɛn] |
| stenen (bn) | kamenný | [kamɛnni:] |

| plastic (het) | plast (m) | [plast] |
| plastic (bn) | plastový | [plastovi:] |

| rubber (het) | guma (ž) | [guma] |
| rubber-, rubberen (bn) | gumový | [gumovi:] |

| stof (de) | látka (ž) | [la:tka] |
| van stof (bn) | z látky | [z la:tkɪ] |

| papier (het) | papír (m) | [papi:r] |
| papieren (bn) | papírový | [papi:rovi:] |

karton (het)	kartón (m)	[karto:n]
kartonnen (bn)	kartónový	[karto:novi:]
polyethyleen (het)	polyetylén (m)	[poliɛtɪlɛ:n]
cellofaan (het)	celofán (m)	[tsɛlofa:n]

multiplex (het)	dýha (ž)	[di:ha]
porselein (het)	porcelán (m)	[portsɛla:n]
porseleinen (bn)	porcelánový	[portsɛla:novi:]
klei (de)	hlína (ž)	[hli:na]
klei-, van klei (bn)	hliněný	[hlɪneni:]
keramiek (de)	keramika (ž)	[kɛramɪka]
keramieken (bn)	keramický	[kɛramɪtski:]

25. Metalen

metaal (het)	kov (m)	[kof]
metalen (bn)	kovový	[kovovi:]
legering (de)	slitina (ž)	[slɪtɪna]

goud (het)	zlato (s)	[zlato]
gouden (bn)	zlatý	[zlati:]
zilver (het)	stříbro (s)	[strʃi:bro]
zilveren (bn)	stříbrný	[strʃi:brni:]

ijzer (het)	železo (s)	[ʒelɛzo]
ijzeren	železný	[ʒelɛzni:]
staal (het)	ocel (ž)	[otsɛl]
stalen (bn)	ocelový	[otsɛlovi:]
koper (het)	měď (ž)	[mnetʲ]
koperen (bn)	měděný	[mnedeni:]

aluminium (het)	hliník (m)	[hlɪni:k]
aluminium (bn)	hliníkový	[hlɪni:kovi:]
brons (het)	bronz (m)	[bronz]
bronzen (bn)	bronzový	[bronzovi:]

messing (het)	mosaz (ž)	[mosaz]
nikkel (het)	nikl (m)	[nɪkl]
platina (het)	platina (ž)	[platɪna]
kwik (het)	rtuť (ž)	[rtutʲ]
tin (het)	cín (m)	[tsi:n]
lood (het)	olovo (s)	[olovo]
zink (het)	zinek (m)	[zɪnɛk]

MENS

Mens. Het lichaam

26. Mensen. Basisbegrippen

mens (de)	člověk (m)	[tʃlovek]
man (de)	muž (m)	[muʃ]
vrouw (de)	žena (ž)	[ʒena]
kind (het)	dítě (s)	[di:te]

meisje (het)	děvče (s)	[devtʃɛ]
jongen (de)	chlapec (m)	[xlapɛts]
tiener, adolescent (de)	výrostek (m)	[vi:rostɛk]
oude man (de)	stařec (m)	[starʒɛts]
oude vrouw (de)	stařena (ž)	[starʒena]

27. Menselijke anatomie

organisme (het)	organismus (m)	[organɪzmus]
hart (het)	srdce (s)	[srdtsɛ]
bloed (het)	krev (ž)	[krɛf]
slagader (de)	tepna (ž)	[tɛpna]
ader (de)	žíla (ž)	[ʒi:la]

hersenen (mv.)	mozek (m)	[mozɛk]
zenuw (de)	nerv (m)	[nɛrf]
zenuwen (mv.)	nervy (m mn)	[nɛrvɪ]
wervel (de)	obratel (m)	[obratɛl]
ruggengraat (de)	páteř (ž)	[pa:tɛrʃ]

maag (de)	žaludek (m)	[ʒaludɛk]
darmen (mv.)	střeva (s mn)	[strʃɛva]
darm (de)	střevo (s)	[strʃɛvo]
lever (de)	játra (s mn)	[ja:tra]
nier (de)	ledvina (ž)	[lɛdvɪna]

been (deel van het skelet)	kost (ž)	[kost]
skelet (het)	kostra (ž)	[kostra]
rib (de)	žebro (s)	[ʒebro]
schedel (de)	lebka (ž)	[lɛpka]

spier (de)	sval (m)	[sval]
biceps (de)	biceps (m)	[bɪtsɛps]
triceps (de)	triceps (m)	[trɪtsɛps]
pees (de)	šlacha (ž)	[ʃlaxa]
gewricht (het)	kloub (m)	[kloup]

longen (mv.)	plíce (ž mn)	[pli:tsɛ]
geslachtsorganen (mv.)	pohlavní orgány (m mn)	[pohlavni: orga:nɪ]
huid (de)	pleť (ž)	[plɛtʲ]

28. Hoofd

hoofd (het)	hlava (ž)	[hlava]
gezicht (het)	obličej (ž)	[oblɪʧɛj]
neus (de)	nos (m)	[nos]
mond (de)	ústa (s mn)	[u:sta]

oog (het)	oko (s)	[oko]
ogen (mv.)	oči (s mn)	[oʧɪ]
pupil (de)	zornice (ž)	[zornɪtsɛ]
wenkbrauw (de)	obočí (s)	[oboʧi:]
wimper (de)	řasa (ž)	[rʒasa]
ooglid (het)	víčko (s)	[vi:ʧko]

tong (de)	jazyk (m)	[jazɪk]
tand (de)	zub (m)	[zup]
lippen (mv.)	rty (m mn)	[rtɪ]
jukbeenderen (mv.)	lícní kosti (ž mn)	[li:tsni: kostɪ]
tandvlees (het)	dáseň (ž)	[da:sɛnʲ]
gehemelte (het)	patro (s)	[patro]

neusgaten (mv.)	chřípí (s)	[xrʃi:pi:]
kin (de)	brada (ž)	[brada]
kaak (de)	čelist (ž)	[ʧɛlɪst]
wang (de)	tvář (ž)	[tva:rʃ]

voorhoofd (het)	čelo (s)	[ʧɛlo]
slaap (de)	spánek (s)	[spa:nɛk]
oor (het)	ucho (s)	[uxo]
achterhoofd (het)	týl (m)	[ti:l]
hals (de)	krk (m)	[krk]
keel (de)	hrdlo (s)	[hrdlo]

haren (mv.)	vlasy (m mn)	[vlasɪ]
kapsel (het)	účes (m)	[u:ʧɛs]
haarsnit (de)	střih (m)	[strʃɪx]
pruik (de)	paruka (ž)	[paruka]

snor (de)	vousy (m mn)	[vousɪ]
baard (de)	plnovous (m)	[plnovous]
dragen (een baard, enz.)	nosit	[nosɪt]
vlecht (de)	cop (m)	[tsop]
bakkebaarden (mv.)	licousy (m mn)	[lɪtsousɪ]

ros (roodachtig, rossig)	zrzavý	[zrzavi:]
grijs (~ haar)	šedivý	[ʃɛdɪvi:]
kaal (bn)	lysý	[lɪsi:]
kale plek (de)	lysina (ž)	[lɪsɪna]
paardenstaart (de)	ocas (m)	[otsas]
pony (de)	ofina (ž)	[ofɪna]

29. Menselijk lichaam

| hand (de) | ruka (ž) | [ruka] |
| arm (de) | ruka (ž) | [ruka] |

vinger (de)	prst (m)	[prst]
duim (de)	palec (m)	[palɛʦ]
pink (de)	malíček (m)	[mali:ʧɛk]
nagel (de)	nehet (m)	[nɛhɛt]

vuist (de)	pěst (ž)	[pest]
handpalm (de)	dlaň (ž)	[dlanʲ]
pols (de)	zápěstí (s)	[za:pɛsti:]
voorarm (de)	předloktí (s)	[prʃɛdlokti:]
elleboog (de)	loket (m)	[lokɛt]
schouder (de)	rameno (s)	[ramɛno]

been (rechter ~)	noha (ž)	[noha]
voet (de)	chodidlo (s)	[xodɪdlo]
knie (de)	koleno (s)	[kolɛno]
kuit (de)	lýtko (s)	[li:tko]
heup (de)	stehno (s)	[stɛhno]
hiel (de)	pata (ž)	[pata]

lichaam (het)	tělo (s)	[telo]
buik (de)	břicho (s)	[brʒɪxo]
borst (de)	prsa (s mn)	[prsa]
borst (de)	prs (m)	[prs]
zijde (de)	bok (m)	[bok]
rug (de)	záda (s mn)	[za:da]
lage rug (de)	kříž (m)	[krʃi:ʃ]
taille (de)	pás (m)	[pa:s]

navel (de)	pupek (m)	[pupɛk]
billen (mv.)	hýždě (ž mn)	[hi:ʒde]
achterwerk (het)	zadek (m)	[zadɛk]

huidvlek (de)	mateřské znaménko (s)	[matɛrʃkɛ: znamɛ:ŋko]
tatoeage (de)	tetování (s)	[tɛtova:ni:]
litteken (het)	jizva (ž)	[jɪzva]

Kleding en accessoires

30. Bovenkleding. Jassen

kleren (mv.)	oblečení (s)	[oblɛtʃɛni:]
bovenkleding (de)	svrchní oděv (m)	[svrxni: odef]
winterkleding (de)	zimní oděv (m)	[zɪmni: odef]
jas (de)	kabát (m)	[kaba:t]
bontjas (de)	kožich (m)	[koʒɪx]
bontjasje (het)	krátký kožich (m)	[kra:tki: koʒɪx]
donzen jas (de)	peřová bunda (ž)	[pɛrʒova: bunda]
jasje (bijv. een leren ~)	bunda (ž)	[bunda]
regenjas (de)	plášť (m)	[pla:ʃtʲ]
waterdicht (bn)	nepromokavý	[nɛpromokavi:]

31. Heren & dames kleding

overhemd (het)	košile (ž)	[koʃɪlɛ]
broek (de)	kalhoty (ž mn)	[kalhotɪ]
jeans (de)	džínsy (m mn)	[dʒi:nsɪ]
colbert (de)	sako (s)	[sako]
kostuum (het)	pánský oblek (m)	[pa:nski: oblɛk]
jurk (de)	šaty (m mn)	[ʃatɪ]
rok (de)	sukně (ž)	[suknɛ]
blouse (de)	blůzka (ž)	[blu:ska]
wollen vest (de)	svetr (m)	[svɛtr]
blazer (kort jasje)	žaket (m)	[ʒakɛt]
T-shirt (het)	tričko (s)	[trɪtʃko]
shorts (mv.)	šortky (ž mn)	[ʃortkɪ]
trainingspak (het)	tepláková souprava (ž)	[tɛpla:kova: souprava]
badjas (de)	župan (m)	[ʒupan]
pyjama (de)	pyžamo (s)	[piʒamo]
sweater (de)	svetr (m)	[svɛtr]
pullover (de)	pulovr (m)	[pulovr]
gilet (het)	vesta (ž)	[vɛsta]
rokkostuum (het)	frak (m)	[frak]
smoking (de)	smoking (m)	[smokɪŋk]
uniform (het)	uniforma (ž)	[unɪforma]
werkkleding (de)	pracovní oděv (m)	[pratsovni: odef]
overall (de)	kombinéza (ž)	[kombɪnɛ:za]
doktersjas (de)	plášť (m)	[pla:ʃtʲ]

32. Kleding. Ondergoed

ondergoed (het)	spodní prádlo (s)	[spodni: pra:dlo]
onderhemd (het)	tílko (s)	[tilko]
sokken (mv.)	ponožky (ž mn)	[ponoʃkɪ]

nachthemd (het)	noční košile (ž)	[notʃni: koʃɪlɛ]
beha (de)	podprsenka (ž)	[potprsɛŋka]
kniekousen (mv.)	podkolenky (ž mn)	[potkolɛŋkɪ]
panty (de)	punčochové kalhoty (ž mn)	[puntʃoxovɛ: kalgotɪ]
nylonkousen (mv.)	punčochy (ž mn)	[puntʃoxɪ]
badpak (het)	plavky (ž mn)	[plafkɪ]

33. Hoofddeksels

hoed (de)	čepice (ž)	[tʃɛpɪtsɛ]
deukhoed (de)	klobouk (m)	[klobouk]
honkbalpet (de)	kšiltovka (ž)	[kʃɪltofka]
kleppet (de)	čepice (ž)	[tʃɛpɪtsɛ]

baret (de)	baret (m)	[barɛt]
kap (de)	kapuce (ž)	[kaputsɛ]
panamahoed (de)	panamský klobouk (m)	[panamski: klobouk]
gebreide muts (de)	pletená čepice (ž)	[plɛtɛna: tʃɛpɪtsɛ]

| hoofddoek (de) | šátek (m) | [ʃa:tɛk] |
| dameshoed (de) | kloubouček (m) | [kloboutʃɛk] |

veiligheidshelm (de)	přilba (ž)	[prʃɪlba]
veldmuts (de)	lodička (ž)	[lodɪtʃka]
helm, valhelm (de)	helma (ž)	[hɛlma]

| bolhoed (de) | tvrďák (m) | [tvrdʲa:k] |
| hoge hoed (de) | válec (m) | [va:lɛts] |

34. Schoeisel

schoeisel (het)	obuv (ž)	[obuʃ]
schoonen (mv)	boty (ž mn)	[botɪ]
vrouwenschoenen (mv.)	střevíce (m mn)	[strʃɛvi:tsɛ]
laarzen (mv.)	holínky (ž mn)	[holi:ŋkɪ]
pantoffels (mv.)	bačkory (ž mn)	[batʃkorɪ]

sportschoenen (mv.)	tenisky (ž mn)	[tɛnɪskɪ]
sneakers (mv.)	kecky (ž mn)	[kɛtskɪ]
sandalen (mv.)	sandály (m mn)	[sanda:lɪ]

schoenlapper (de)	obuvník (m)	[obuvni:kʲ]
hiel (de)	podpatek (m)	[potpatɛk]
paar (een ~ schoenen)	pár (m)	[pa:r]
veter (de)	tkanička (ž)	[tkanɪtʃka]

39

rijgen (schoenen ~)	šněrovat	[ʃnerovat]
schoenlepel (de)	lžíce (ž) na boty	[ʒi:tsɛ na botɪ]
schoensmeer (de/het)	krém (m) na boty	[krɛ:m na botɪ]

35. Textiel. Weefsel

katoen (de/het)	bavlna (ž)	[bavlna]
katoenen (bn)	bavlněný	[bavlneni:]
vlas (het)	len (m)	[lɛn]
vlas-, van vlas (bn)	lněný	[lneni:]

zijde (de)	hedvábí (s)	[hɛdva:bi:]
zijden (bn)	hedvábný	[hɛdva:bni:]
wol (de)	vlna (ž)	[vlna]
wollen (bn)	vlněný	[vlneni:]

fluweel (het)	samet (m)	[samɛt]
suède (de)	semiš (m)	[sɛmɪʃ]
ribfluweel (het)	manšestr (m)	[manʃɛstr]

nylon (de/het)	nylon (m)	[nɪlon]
nylon-, van nylon (bn)	nylonový	[nɪlonovi:]
polyester (het)	polyester (m)	[poliɛstɛr]
polyester- (abn)	polyesterový	[poliɛstɛrovi:]

leer (het)	kůže (ž)	[ku:ʒe]
leren (van leer gemaak)	z kůže, kožený	[z ku:ʒe], [koʒeni:]
bont (het)	kožešina (ž)	[koʒeʃɪna]
bont- (abn)	kožešinový	[koʒeʃɪnovi:]

36. Persoonlijke accessoires

handschoenen (mv.)	rukavice (ž mn)	[rukavɪtsɛ]
wanten (mv.)	palčáky (m mn)	[paltʃa:kɪ]
sjaal (fleece ~)	šála (ž)	[ʃa:la]

bril (de)	brýle (ž mn)	[bri:lɛ]
brilmontuur (het)	obroučky (m mn)	[obroutʃkɪ]
paraplu (de)	deštník (m)	[dɛʃtni:k]
wandelstok (de)	hůl (ž)	[hu:l]
haarborstel (de)	kartáč (m) na vlasy	[karta:tʃ na vlasɪ]
waaier (de)	vějíř (m)	[veji:rʃ]

das (de)	kravata (ž)	[kravata]
strikje (het)	motýlek (m)	[moti:lɛk]
bretels (mv.)	šle (ž mn)	[ʃlɛ]
zakdoek (de)	kapesník (m)	[kapesni:k]

kam (de)	hřeben (m)	[hrʒɛbɛn]
haarspeldje (het)	sponka (ž)	[sponka]
schuifspeldje (het)	vlásnička (ž)	[vla:snɪtʃka]
gesp (de)	spona (ž)	[spona]

| broekriem (de) | pás (m) | [pa:s] |
| draagriem (de) | řemen (m) | [rʒɛmɛn] |

handtas (de)	taška (ž)	[taʃka]
damestas (de)	kabelka (ž)	[kabɛlka]
rugzak (de)	batoh (m)	[batox]

37. Kleding. Diversen

mode (de)	móda (ž)	[mo:da]
de mode (bn)	módní	[mo:dni:]
kledingstilist (de)	modelář (m)	[modɛla:rʃ]

kraag (de)	límec (m)	[li:mɛts]
zak (de)	kapsa (ž)	[kapsa]
zak- (abn)	kapesní	[kapɛsni:]
mouw (de)	rukáv (m)	[ruka:f]
lusje (het)	poutko (s)	[poutko]
gulp (de)	poklopec (m)	[poklopɛts]

rits (de)	zip (m)	[zɪp]
sluiting (de)	spona (ž)	[spona]
knoop (de)	knoflík (m)	[knofli:k]
knoopsgat (het)	knoflíková dírka (ž)	[knofli:kova: di:rka]
losraken (bijv. knopen)	utrhnout se	[utrhnout sɛ]

naaien (kleren, enz.)	šít	[ʃi:t]
borduren (ww)	vyšívat	[vɪʃi:vat]
borduursel (het)	výšivka (ž)	[vi:ʃɪfka]
naald (de)	jehla (ž)	[jɛhla]
draad (de)	nit (ž)	[nɪt]
naad (de)	šev (m)	[ʃɛf]

vies worden (ww)	ušpinit se	[uʃpɪnɪt sɛ]
vlek (de)	skvrna (ž)	[skvrna]
gekreukt raken (ov. kleren)	pomačkat se	[pomatʃkat sɛ]
scheuren (ov.ww.)	roztrhat	[roztrhat]
mot (de)	mol (m)	[mol]

38. Persoonlijke verzorging. Schoonheidsmiddelen

tandpasta (de)	zubní pasta (ž)	[zubni: pasta]
tandenborstel (de)	kartáček (m) na zuby	[karta:tʃɛk na zubɪ]
tanden poetsen (ww)	čistit si zuby	[tʃɪstɪt sɪ zubɪ]

scheermes (het)	holící strojek (m)	[holɪtsi: strojɛk]
scheerschuim (het)	krém (m) na holení	[krɛ:m na holɛni:]
zich scheren (ww)	holit se	[holɪt sɛ]

zeep (de)	mýdlo (s)	[mi:dlo]
shampoo (de)	šampon (m)	[ʃampon]
schaar (de)	nůžky (ž mn)	[nu:ʃkɪ]

41

nagelvijl (de)	pilník (m) na nehty	[pɪlni:k na nɛxtɪ]
nagelknipper (de)	kleštičky (ž mn) na nehty	[klɛʃtɪtʃkɪ na nɛxtɪ]
pincet (het)	pinzeta (ž)	[pɪnzeta]

cosmetica (mv.)	kosmetika (ž)	[kosmɛtɪka]
masker (het)	kosmetická maska (ž)	[kosmɛtɪtska: maska]
manicure (de)	manikúra (ž)	[manɪku:ra]
manicure doen	dělat manikúru	[delat manɪku:ru]
pedicure (de)	pedikúra (ž)	[pɛdɪku:ra]

cosmetica tasje (het)	kosmetická kabelka (ž)	[kosmɛtɪtska: kabɛlka]
poeder (de/het)	pudr (m)	[pudr]
poederdoos (de)	pudřenka (ž)	[pudrʒɛŋka]
rouge (de)	červené líčidlo (s)	[tʃɛrvɛnɛ: li:tʃɪdlo]

parfum (de/het)	voňavka (ž)	[vonʲafka]
eau de toilet (de)	toaletní voda (ž)	[toalɛtni: voda]
lotion (de)	pleťová voda (ž)	[plɛtʲova: voda]
eau de cologne (de)	kolínská voda (ž)	[koli:nska: voda]

oogschaduw (de)	oční stíny (m mn)	[otʃni: sti:nɪ]
oogpotlood (het)	tužka (ž) na oči	[tuʃka na otʃɪ]
mascara (de)	řasenka (ž)	[rʒasɛŋka]

lippenstift (de)	rtěnka (ž)	[rteŋka]
nagellak (de)	lak (m) na nehty	[lak na nɛxtɪ]
haarlak (de)	lak (m) na vlasy	[lak na vlasɪ]
deodorant (de)	deodorant (m)	[dɛodorant]

crème (de)	krém (m)	[krɛ:m]
gezichtscrème (de)	pleťový krém (m)	[plɛtʲovi: krɛ:m]
handcrème (de)	krém (m) na ruce	[krɛ:m na rutsɛ]
antirimpelcrème (de)	krém (m) proti vráskám	[krɛ:m protɪ vra:ska:m]
dag- (abn)	denní	[dɛnni:]
nacht- (abn)	noční	[notʃni:]

tampon (de)	tampón (m)	[tampo:n]
toiletpapier (het)	toaletní papír (m)	[toalɛtni: papi:r]
föhn (de)	fén (m)	[fɛ:n]

39. Juwelen

sieraden (mv.)	šperk (m)	[ʃpɛrk]
edel (bijv. ~ stenen)	drahý	[drahi:]
keurmerk (het)	punc (m)	[punts]

ring (de)	prsten (m)	[prstɛn]
trouwring (de)	snubní prsten (m)	[snubni: prstɛn]
armband (de)	náramek (m)	[na:ramɛk]

oorringen (mv.)	náušnice (ž mn)	[na:uʃnɪtsɛ]
halssnoer (het)	náhrdelník (m)	[na:hrdɛlni:k]
kroon (de)	koruna (ž)	[koruna]
kralen snoer (het)	korály (m mn)	[kora:lɪ]

diamant (de)	diamant (m)	[dɪamant]
smaragd (de)	smaragd (m)	[smarakt]
robijn (de)	rubín (m)	[rubiːn]
saffier (de)	safír (m)	[safiːr]
parel (de)	perly (ž mn)	[pɛrlɪ]
barnsteen (de)	jantar (m)	[jantar]

40. Horloges. Klokken

polshorloge (het)	hodinky (ž mn)	[hodɪŋkɪ]
wijzerplaat (de)	ciferník (m)	[tsɪfɛrniːk]
wijzer (de)	ručička (ž)	[rutʃɪtʃka]
metalen horlogeband (de)	náramek (m)	[naːramɛk]
horlogebandje (het)	pásek (m)	[paːsɛk]

batterij (de)	baterka (ž)	[batɛrka]
leeg zijn (ww)	vybít se	[vɪbiːt sɛ]
batterij vervangen	vyměnit baterku	[vɪmnenɪt batɛrku]
voorlopen (ww)	jít napřed	[jiːt naprʃɛt]
achterlopen (ww)	opožďovat se	[opoʒdʲovat sɛ]

wandklok (de)	nástěnné hodiny (ž mn)	[naːstɛnnɛː hodɪnɪ]
zandloper (de)	přesýpací hodiny (ž mn)	[prʃɛsiːpatsiː hodɪnɪ]
zonnewijzer (de)	sluneční hodiny (ž mn)	[slunɛtʃniː hodɪnɪ]
wekker (de)	budík (m)	[budiːk]
horlogemaker (de)	hodinář (m)	[hodɪnaːrʃ]
repareren (ww)	opravovat	[opravovat]

Voedsel. Voeding

41. Voedsel

vlees (het)	maso (s)	[maso]
kip (de)	slepice (ž)	[slɛpɪtsɛ]
kuiken (het)	kuře (s)	[kurʒɛ]
eend (de)	kachna (ž)	[kaxna]
gans (de)	husa (ž)	[husa]
wild (het)	zvěřina (ž)	[zverʒɪna]
kalkoen (de)	krůta (ž)	[kru:ta]
varkensvlees (het)	vepřové (s)	[vɛprʃovɛ:]
kalfsvlees (het)	telecí (s)	[tɛlɛtsi:]
schapenvlees (het)	skopové (s)	[skopovɛ:]
rundvlees (het)	hovězí (s)	[hovezi:]
konijnenvlees (het)	králík (m)	[kra:li:k]
worst (de)	salám (m)	[sala:m]
saucijs (de)	párek (m)	[pa:rɛk]
spek (het)	slanina (ž)	[slanɪna]
ham (de)	šunka (ž)	[ʃuŋka]
gerookte achterham (de)	kýta (ž)	[ki:ta]
paté (de)	paštika (ž)	[paʃtɪka]
lever (de)	játra (s mn)	[ja:tra]
gehakt (het)	mleté maso (s)	[mlɛtɛ: maso]
tong (de)	jazyk (m)	[jazɪk]
ei (het)	vejce (s)	[vɛjtsɛ]
eieren (mv.)	vejce (s mn)	[vɛjtsɛ]
eiwit (het)	bílek (m)	[bi:lɛk]
eigeel (het)	žloutek (m)	[ʒloutɛk]
vis (de)	ryby (ž mn)	[rɪbɪ]
zeevruchten (mv.)	mořské plody (m mn)	[morʃskɛ: plodɪ]
kaviaar (de)	kaviár (m)	[kavɪa:r]
krab (de)	krab (m)	[krap]
garnaal (de)	kreveta (ž)	[krɛvɛta]
oester (de)	ústřice (ž)	[u:strʃɪtsɛ]
langoest (de)	langusta (ž)	[langusta]
octopus (de)	chobotnice (ž)	[xobotnɪtsɛ]
inktvis (de)	sépie (ž)	[sɛ:pɪe]
steur (de)	jeseter (m)	[jɛsɛtɛr]
zalm (de)	losos (m)	[losos]
heilbot (de)	platýs (m)	[plati:s]
kabeljauw (de)	treska (ž)	[trɛska]
makreel (de)	makrela (ž)	[makrɛla]

| tonijn (de) | tuňák (m) | [tunʲaːk] |
| paling (de) | úhoř (m) | [uːhorʃ] |

forel (de)	pstruh (m)	[pstrux]
sardine (de)	sardinka (ž)	[sardɪŋka]
snoek (de)	štika (ž)	[ʃtɪka]
haring (de)	sleď (ž)	[slɛtʲ]

brood (het)	chléb (m)	[xlɛːp]
kaas (de)	sýr (m)	[siːr]
suiker (de)	cukr (m)	[tsukr]
zout (het)	sůl (ž)	[suːl]

rijst (de)	rýže (ž)	[riːʒe]
pasta (de)	makaróny (m mn)	[makaroːnɪ]
noedels (mv.)	nudle (ž mn)	[nudlɛ]

boter (de)	máslo (s)	[maːslo]
plantaardige olie (de)	olej (m)	[olɛj]
zonnebloemolie (de)	slunečnicový olej (m)	[slunɛtʃnɪtsovi: olɛj]
margarine (de)	margarín (m)	[margariːn]

| olijven (mv.) | olivy (ž) | [olɪvɪ] |
| olijfolie (de) | olivový olej (m) | [olɪvovi: olɛj] |

melk (de)	mléko (s)	[mlɛːko]
gecondenseerde melk (de)	kondenzované mléko (s)	[kondɛnzovanɛː mlɛːko]
yoghurt (de)	jogurt (m)	[jogurt]
zure room (de)	kyselá smetana (ž)	[kɪsɛlaː smɛtana]
room (de)	sladká smetana (ž)	[slatkaː smɛtana]

| mayonaise (de) | majonéza (ž) | [majonɛːza] |
| crème (de) | krém (m) | [krɛːm] |

graan (het)	kroupy (ž mn)	[kroupɪ]
meel (het), bloem (de)	mouka (ž)	[mouka]
conserven (mv.)	konzerva (ž)	[konzɛrva]

maïsvlokken (mv.)	kukuřičné vločky (ž mn)	[kukurʒɪtʃnɛː vlotʃkɪ]
honing (de)	med (m)	[mɛt]
jam (de)	džem (m)	[dʒem]
kauwgom (de)	žvýkačka (ž)	[ʒviːkatʃka]

42. Drankjes

water (het)	voda (ž)	[voda]
drinkwater (het)	pitná voda (ž)	[pɪtna: voda]
mineraalwater (het)	minerální voda (ž)	[mɪnɛra:lni: voda]

zonder gas	neperlivý	[nɛpɛrlɪvi:]
koolzuurhoudend (bn)	perlivý	[pɛrlɪvi:]
bruisend (bn)	perlivý	[pɛrlɪvi:]
ijs (het)	led (m)	[lɛt]
met ijs	s ledem	[s lɛdɛm]

45

alcohol vrij (bn)	nealkoholický	[nɛalkoholɪtski:]
alcohol vrije drank (de)	nealkoholický nápoj (m)	[nɛalkoholɪtski: na:poj]
frisdrank (de)	osvěžující nápoj (m)	[osveʒuji:tsi: na:poj]
limonade (de)	limonáda (ž)	[lɪmona:da]

alcoholische dranken (mv.)	alkoholické nápoje (m mn)	[alkoholɪtskɛ: na:pojɛ]
wijn (de)	víno (s)	[vi:no]
witte wijn (de)	bílé víno (s)	[bi:lɛ: vi:no]
rode wijn (de)	červené víno (s)	[tʃɛrvɛnɛ: vi:no]

likeur (de)	likér (m)	[lɪkɛ:r]
champagne (de)	šampaňské (s)	[ʃampanʲskɛ:]
vermout (de)	vermut (m)	[vɛrmut]

whisky (de)	whisky (ž)	[vɪskɪ]
wodka (de)	vodka (ž)	[votka]
gin (de)	džin (m)	[dʒɪn]
cognac (de)	koňak (m)	[konʲak]
rum (de)	rum (m)	[rum]

koffie (de)	káva (ž)	[ka:va]
zwarte koffie (de)	černá káva (ž)	[tʃɛrna: ka:va]
koffie (de) met melk	bílá káva (ž)	[bi:la: ka:va]
cappuccino (de)	kapučíno (s)	[kaputʃi:no]
oploskoffie (de)	rozpustná káva (ž)	[rozpustna: ka:va]

melk (de)	mléko (s)	[mlɛ:ko]
cocktail (de)	koktail (m)	[koktajl]
milkshake (de)	mléčný koktail (m)	[mlɛtʃni: koktajl]

sap (het)	šťáva (ž), džus (m)	[ʃtʲa:va], [dʒus]
tomatensap (het)	rajčatová šťáva (ž)	[rajtʃatova: ʃtʲa:va]
sinaasappelsap (het)	pomerančový džus (m)	[pomɛrantʃovi: dʒus]
vers geperst sap (het)	vymačkaná šťáva (ž)	[vɪmatʃkana: ʃtʲa:va]

bier (het)	pivo (s)	[pɪvo]
licht bier (het)	světlé pivo (s)	[svetlɛ: pɪvo]
donker bier (het)	tmavé pivo (s)	[tmavɛ: pɪvo]

thee (de)	čaj (m)	[tʲaj]
zwarte thee (de)	černý čaj (m)	[tʃɛrni: tʲaj]
groene thee (de)	zelený čaj (m)	[zɛlɛni: tʲaj]

43. Groenten

groenten (mv.)	zelenina (ž)	[zɛlɛnɪna]
verse kruiden (mv.)	zelenina (ž)	[zɛlɛnɪna]

tomaat (de)	rajské jablíčko (s)	[rajskɛ: jabli:tʃko]
augurk (de)	okurka (ž)	[okurka]
wortel (de)	mrkev (ž)	[mrkɛf]
aardappel (de)	brambory (ž mn)	[bramborɪ]
ui (de)	cibule (ž)	[tsɪbulɛ]
knoflook (de)	česnek (m)	[tʃɛsnɛk]

kool (de)	zelí (s)	[zɛli:]
bloemkool (de)	květák (m)	[kveta:k]
spruitkool (de)	růžičková kapusta (ž)	[ru:ʒɪtʃkova: kapusta]
broccoli (de)	brokolice (ž)	[brokolɪtsɛ]

rode biet (de)	červená řepa (ž)	[tʃɛrvena: rʒɛpa]
aubergine (de)	lilek (m)	[lɪlɛk]
courgette (de)	cukina, cuketa (ž)	[tsukɪna], [tsuketa]
pompoen (de)	tykev (ž)	[tɪkɛf]
raap (de)	vodní řepa (ž)	[vodni: rʒɛpa]

peterselie (de)	petržel (ž)	[pɛtrʒel]
dille (de)	kopr (m)	[kopr]
sla (de)	salát (m)	[sala:t]
selderij (de)	celer (m)	[tsɛlɛr]
asperge (de)	chřest (m)	[xrʃɛst]
spinazie (de)	špenát (m)	[ʃpɛna:t]

erwt (de)	hrách (m)	[hra:x]
bonen (mv.)	boby (m mn)	[bobɪ]
maïs (de)	kukuřice (ž)	[kukurʒɪtsɛ]
nierboon (de)	fazole (ž)	[fazolɛ]

peper (de)	pepř (m)	[pɛprʃ]
radijs (de)	ředkvička (ž)	[rʒɛtkvɪtʃka]
artisjok (de)	artyčok (m)	[artɪtʃok]

44. Vruchten. Noten

vrucht (de)	ovoce (s)	[ovotsɛ]
appel (de)	jablko (s)	[jablko]
peer (de)	hruška (ž)	[hruʃka]
citroen (de)	citrón (m)	[tsɪtro:n]
sinaasappel (de)	pomeranč (m)	[pomɛrantʃ]
aardbei (de)	zahradní jahody (ž mn)	[zahradni: jahodɪ]

mandarijn (de)	mandarinka (ž)	[mandarɪŋka]
pruim (de)	švestka (ž)	[ʃvɛstka]
perzik (de)	broskev (ž)	[broskɛf]
abrikoos (de)	meruňka (ž)	[mɛrunʲka]
framboos (de)	maliny (ž mn)	[malɪnɪ]
ananas (de)	ananas (m)	[ananas]

banaan (de)	banán (m)	[bana:n]
watermeloen (de)	vodní meloun (m)	[vodni: mɛloun]
druif (de)	hroznové víno (s)	[hroznovɛ: vi:no]
zure kers (de)	višně (ž)	[vɪʃne]
zoete kers (de)	třešně (ž)	[trʃɛʃne]
meloen (de)	cukrový meloun (m)	[tsukrovi: mɛloun]

grapefruit (de)	grapefruit (m)	[grɛjpfru:tʲ]
avocado (de)	avokádo (s)	[avoka:do]
papaja (de)	papája (ž)	[papa:ja]
mango (de)	mango (s)	[mango]

granaatappel (de)	granátové jablko (s)	[grana:tovɛ: jablko]
rode bes (de)	červený rybíz (m)	[ʧɛrvɛni: rɪbi:z]
zwarte bes (de)	černý rybíz (m)	[ʧɛrni: rɪbi:z]
kruisbes (de)	angrešt (m)	[angrɛʃt]
blauwe bosbes (de)	borůvky (ž mn)	[boru:fkɪ]
braambes (de)	ostružiny (ž mn)	[ostruʒɪnɪ]

rozijn (de)	hrozinky (ž mn)	[hrozɪŋkɪ]
vijg (de)	fík (m)	[fi:k]
dadel (de)	datle (ž)	[datlɛ]

pinda (de)	burský oříšek (m)	[burski: orʒi:ʃɛk]
amandel (de)	mandle (ž)	[mandlɛ]
walnoot (de)	vlašský ořech (m)	[vlaʃski: orʒɛx]
hazelnoot (de)	lískový ořech (m)	[li:skovi: orʒɛx]
kokosnoot (de)	kokos (m)	[kokos]
pistaches (mv.)	pistácie (ž)	[pɪsta:ʦɪe]

45. Brood. Snoep

suikerbakkerij (de)	cukroví (s)	[ʦukrovi:]
brood (het)	chléb (m)	[xlɛ:p]
koekje (het)	sušenky (ž mn)	[suʃɛŋkɪ]

chocolade (de)	čokoláda (ž)	[ʧokola:da]
chocolade- (abn)	čokoládový	[ʧokola:dovi:]
snoepje (het)	bonbón (m)	[bonbo:n]
cakeje (het)	zákusek (m)	[za:kusɛk]
taart (bijv. verjaardags~)	dort (m)	[dort]

| pastei (de) | koláč (m) | [kola:ʧ] |
| vulling (de) | nádivka (ž) | [na:dɪfka] |

confituur (de)	zavařenina (ž)	[zavarʒɛnɪna]
marmelade (de)	marmeláda (ž)	[marmɛla:da]
wafel (de)	oplatky (mn)	[oplatkɪ]
ijsje (het)	zmrzlina (ž)	[zmrzlɪna]

46. Bereide gerechten

gerecht (het)	jídlo (s)	[ji:dlo]
keuken (bijv. Franse ~)	kuchyně (ž)	[kuxɪne]
recept (het)	recept (m)	[rɛʦɛpt]
portie (de)	porce (ž)	[porʦɛ]

| salade (de) | salát (m) | [sala:t] |
| soep (de) | polévka (ž) | [polɛ:fka] |

bouillon (de)	vývar (m)	[vi:var]
boterham (de)	obložený chlebíček (m)	[obloʒeni: xlɛbi:ʧɛk]
spiegelei (het)	míchaná vejce (s mn)	[mi:xana: vɛjʦɛ]
hamburger (de)	hamburger (m)	[hamburgɛr]

biefstuk (de)	biftek (m)	[bɪftɛk]
garnering (de)	příloha (ž)	[prʃiːloha]
spaghetti (de)	spagety (m mn)	[spagɛtɪ]
aardappelpuree (de)	bramborová kaše (ž)	[bramborovaː kaʃɛ]
pizza (de)	pizza (ž)	[pɪtsa]
pap (de)	kaše (ž)	[kaʃɛ]
omelet (de)	omeleta (ž)	[omɛlɛta]

gekookt (in water)	vařený	[varʒɛniː]
gerookt (bn)	uzený	[uzɛniː]
gebakken (bn)	smažený	[smaʒeniː]
gedroogd (bn)	sušený	[suʃɛniː]
diepvries (bn)	zmražený	[zmraʒeniː]
gemarineerd (bn)	marinovaný	[marɪnovaniː]

zoet (bn)	sladký	[slatkiː]
gezouten (bn)	slaný	[slaniː]
koud (bn)	studený	[studɛniː]
heet (bn)	teplý	[tɛpliː]
bitter (bn)	hořký	[horʃkiː]
lekker (bn)	chutný	[xutniː]

koken (in kokend water)	vařit	[varʒɪt]
bereiden (avondmaaltijd ~)	vařit	[varʒɪt]
bakken (ww)	smažit	[smaʒɪt]
opwarmen (ww)	ohřívat	[ohrʒiːvat]

zouten (ww)	solit	[solɪt]
peperen (ww)	pepřit	[pɛprʃɪt]
raspen (ww)	strouhat	[strouhat]
schil (de)	slupka (ž)	[slupka]
schillen (ww)	loupat	[loupat]

47. Kruiden

zout (het)	sůl (ž)	[suːl]
gezouten (bn)	slaný	[slaniː]
zouten (ww)	solit	[solɪt]

zwarte peper (de)	černý pepř (m)	[tʃɛrniː pɛprʃ]
rode peper (de)	červená paprika (ž)	[tʃɛrvenaː paprɪka]
mostard (de)	hořčice (ž)	[horʃtʃɪtsɛ]
mierikswortel (de)	křen (m)	[krʃɛn]

condiment (het)	ochucovadlo (s)	[oxutsovadlo]
specerij, kruiderij (de)	koření (s)	[korʒɛniː]
saus (de)	omáčka (ž)	[omaːtʃka]
azijn (de)	ocet (m)	[otsɛt]

anijs (de)	anýz (m)	[aniːz]
basilicum (de)	bazalka (ž)	[bazalka]
kruidnagel (de)	hřebíček (m)	[hrʒɛbiːtʃɛk]
gember (de)	zázvor (m)	[zaːzvor]
koriander (de)	koriandr (m)	[korɪandr]

kaneel (de/het)	skořice (ž)	[skorʒɪt͡sɛ]
sesamzaad (het)	sezam (m)	[sɛzam]
laurierblad (het)	bobkový list (m)	[bopkovi: lɪst]
paprika (de)	paprika (ž)	[paprɪka]
komijn (de)	kmín (m)	[kmi:n]
saffraan (de)	šafrán (m)	[ʃafra:n]

48. Maaltijden

eten (het)	jídlo (s)	[ji:dlo]
eten (ww)	jíst	[ji:st]

ontbijt (het)	snídaně (ž)	[sni:dane]
ontbijten (ww)	snídat	[sni:dat]
lunch (de)	oběd (m)	[obet]
lunchen (ww)	obědvat	[obedvat]
avondeten (het)	večeře (ž)	[vɛt͡ʃɛrʒɛ]
souperen (ww)	večeřet	[vɛt͡ʃɛrʒɛt]

eetlust (de)	chuť (ž) k jídlu	[xutʲ k ji:dlu]
Eet smakelijk!	Dobrou chuť!	[dobrou xutʲ]

openen (een fles ~)	otvírat	[otvi:rat]
morsen (koffie, enz.)	rozlít	[rozli:t]
zijn gemorst	rozlít se	[rozli:t sɛ]
koken (water kookt bij 100°C)	vřít	[vrʒi:t]
koken (Hoe om water te ~)	vařit	[varʒɪt]
gekookt (~ water)	svařený	[svarʒɛni:]
afkoelen (koeler maken)	ochladit	[oxladɪt]
afkoelen (koeler worden)	ochlazovat se	[oxlazovat sɛ]

smaak (de)	chuť (ž)	[xutʲ]
nasmaak (de)	příchuť (ž)	[prʃi:xutʲ]

volgen een dieet	držet dietu	[drʒet dɪetu]
dieet (het)	dieta (ž)	[dɪeta]
vitamine (de)	vitamín (m)	[vɪtami:n]
calorie (de)	kalorie (ž)	[kalorɪe]
vegetariër (de)	vegetarián (m)	[vɛgɛtarɪa:n]
vegetarisch (bn)	vegetariánský	[vɛgɛtarɪa:nski:]

vetten (mv.)	tuky (m)	[tukɪ]
eiwitten (mv.)	bílkoviny (ž)	[bi:lkovɪnɪ]
koolhydraten (mv.)	karbohydráty (mn)	[karbohɪdrati:]
snede (de)	plátek (m)	[pla:tɛk]
stuk (bijv. een ~ taart)	kousek (m)	[kousɛk]
kruimel (de)	drobek (m)	[drobɛk]

49. Tafelschikking

lepel (de)	lžíce (ž)	[ʒi:t͡sɛ]
mes (het)	nůž (m)	[nu:ʃ]

vork (de)	vidlička (ž)	[vɪdlɪtʃka]
kopje (het)	šálek (m)	[ʃaːlɛk]
bord (het)	talíř (m)	[taliːrʃ]
schoteltje (het)	talířek (m)	[taliːrʒɛk]
servet (het)	ubrousek (m)	[ubrousɛk]
tandenstoker (de)	párátko (s)	[paːraːtko]

50. Restaurant

restaurant (het)	restaurace (ž)	[rɛstauratsɛ]
koffiehuis (het)	kavárna (ž)	[kavaːrna]
bar (de)	bar (m)	[bar]
tearoom (de)	čajovna (ž)	[tʃajovna]

kelner, ober (de)	číšník (m)	[tʃiːʃniːk]
serveerster (de)	číšnice (ž)	[tʃiːʃnɪtsɛ]
barman (de)	barman (m)	[barman]

menu (het)	jídelní lístek (m)	[jiːdɛlni: liːstɛk]
wijnkaart (de)	nápojový lístek (m)	[naːpojoviː liːstɛk]
een tafel reserveren	rezervovat stůl	[rɛzɛrvovat stuːl]

gerecht (het)	jídlo (s)	[jiːdlo]
bestellen (eten ~)	objednat si	[objɛdnat sɪ]
een bestelling maken	objednat si	[objɛdnat sɪ]

aperitief (de/het)	aperitiv (m)	[apɛrɪtɪf]
voorgerecht (het)	předkrm (m)	[prʃɛtkrm]
dessert (het)	desert (m)	[dɛsɛrt]

rekening (de)	účet (m)	[uːtʃɛt]
de rekening betalen	zaplatit účet	[zaplatɪt uːtʃɛt]
wisselgeld teruggeven	dát nazpátek	[daːt naspaːtɛk]
fooi (de)	spropitné (s)	[spropɪtnɛː]

Familie, verwanten en vrienden

51. Persoonlijke informatie. Formulieren

naam (de)	jméno (s)	[jmɛ:no]
achternaam (de)	příjmení (s)	[prʃi:jmɛni:]
geboortedatum (de)	datum (s) narození	[datum narozɛni:]
geboorteplaats (de)	místo (s) narození	[mi:sto narozɛni:]
nationaliteit (de)	národnost (ž)	[na:rodnost]
woonplaats (de)	bydliště (s)	[bɪdlɪʃte]
land (het)	země (ž)	[zɛmnɛ]
beroep (het)	povolání (s)	[povola:ni:]
geslacht (ov. het vrouwelijk ~)	pohlaví (s)	[pohlavi:]
lengte (de)	postava (ž)	[postava]
gewicht (het)	váha (ž)	[va:ha]

52. Familieleden. Verwanten

moeder (de)	matka (ž)	[matka]
vader (de)	otec (m)	[otɛts]
zoon (de)	syn (m)	[sɪn]
dochter (de)	dcera (ž)	[dtsɛra]
jongste dochter (de)	nejmladší dcera (ž)	[nɛjmladʃi: dtsɛra]
jongste zoon (de)	nejmladší syn (m)	[nɛjmladʃi: sɪn]
oudste dochter (de)	nejstarší dcera (ž)	[nɛjstarʃi: dtsɛra]
oudste zoon (de)	nejstarší syn (m)	[nɛjstarʃi: sɪn]
broer (de)	bratr (m)	[bratr]
zuster (de)	sestra (ž)	[sɛstra]
neef (zoon van oom, tante)	bratranec (m)	[bratranɛts]
nicht (dochter van oom, tante)	sestřenice (ž)	[sɛstrʃɛnɪtsɛ]
mama (de)	maminka (ž)	[mamɪŋka]
papa (de)	táta (m)	[ta:ta]
ouders (mv.)	rodiče (m mn)	[rodɪtʃɛ]
kind (het)	dítě (s)	[di:te]
kinderen (mv.)	děti (ž mn)	[detɪ]
oma (de)	babička (ž)	[babɪtʃka]
opa (de)	dědeček (m)	[dedɛtʃɛk]
kleinzoon (de)	vnuk (m)	[vnuk]
kleindochter (de)	vnučka (ž)	[vnutʃka]
kleinkinderen (mv.)	vnuci (m mn)	[vnutsɪ]

oom (de)	strýc (m)	[stri:ts]
tante (de)	teta (ž)	[tɛta]
neef (zoon van broer, zus)	synovec (m)	[sɪnovɛts]
nicht (dochter van broer, zus)	neteř (ž)	[nɛtɛrʃ]

schoonmoeder (de)	tchyně (ž)	[txɪne]
schoonvader (de)	tchán (m)	[txa:n]
schoonzoon (de)	zeť (m)	[zɛtⁱ]
stiefmoeder (de)	nevlastní matka (ž)	[nɛvlastni: matka]
stiefvader (de)	nevlastní otec (m)	[nɛvlastni: otɛts]

zuigeling (de)	kojenec (m)	[kojɛnɛts]
wiegenkind (het)	nemluvně (s)	[nɛmluvne]
kleuter (de)	děcko (s)	[detsko]

vrouw (de)	žena (ž)	[ʒena]
man (de)	muž (m)	[muʃ]
echtgenoot (de)	manžel (m)	[manʒel]
echtgenote (de)	manželka (ž)	[manʒelka]

gehuwd (mann.)	ženatý	[ʒenati:]
gehuwd (vrouw.)	vdaná	[vdana:]
ongehuwd (mann.)	svobodný	[svobodni:]
vrijgezel (de)	mládenec (m)	[mla:dɛnɛts]
gescheiden (bn)	rozvedený	[rozvɛdɛni:]
weduwe (de)	vdova (ž)	[vdova]
weduwnaar (de)	vdovec (m)	[vdovɛts]

familielid (het)	příbuzný (m)	[prʃi:buzni:]
dichte familielid (het)	blízký příbuzný (m)	[bli:ski: prʃi:buzni:]
verre familielid (het)	vzdálený příbuzný (m)	[vzda:lɛni: prʃi:buzni:]
familieleden (mv.)	příbuzenstvo (s)	[prʃi:buzɛnstvo]

wees (de), weeskind (het)	sirotek (m, ž)	[sɪrotɛk]
voogd (de)	poručník (m)	[porutʃni:k]
adopteren (een jongen te ~)	adoptovat	[adoptovat]
adopteren (een meisje te ~)	adoptovat dívku	[adoptovat difku]

53. Vrienden. Collega's

vriend (de)	přítel (m)	[prʃi:tɛl]
vriendin (de)	přítelkyně (ž)	[prʃi:tɛlkɪne]
vriendschap (de)	přátelství (s)	[prʃa:tɛlstvi:]
bevriend zijn (ww)	kamarádit	[kamara:dɪt]

makker (de)	kamarád (m)	[kamara:t]
vriendin (de)	kamarádka (ž)	[kamara:tka]
partner (de)	partner (m)	[partnɛr]

chef (de)	šéf (m)	[ʃɛ:f]
baas (de)	vedoucí (m)	[vɛdoutsi:]
ondergeschikte (de)	podřízený (m)	[podrʒi:zɛni:]
collega (de)	kolega (m)	[kolɛga]
kennis (de)	známý (m)	[zna:mi:]

medereiziger (de)	spolucestující (m)	[spolutsɛstuji:tsi:]
klasgenoot (de)	spolužák (m)	[spoluʒa:k]

buurman (de)	soused (m)	[sousɛt]
buurvrouw (de)	sousedka (ž)	[sousɛtka]
buren (mv.)	sousedé (m mn)	[sousɛdɛ:]

54. Man. Vrouw

vrouw (de)	žena (ž)	[ʒena]
meisje (het)	slečna (ž)	[slɛtʃna]
bruid (de)	nevěsta (ž)	[nɛvesta]

mooi(e) (vrouw, meisje)	pěkná	[pekna:]
groot, grote (vrouw, meisje)	vysoká	[vɪsoka:]
slank(e) (vrouw, meisje)	štíhlá	[ʃti:hla:]
korte, kleine (vrouw, meisje)	menší	[mɛnʃi:]

blondine (de)	blondýna (ž)	[blondi:na]
brunette (de)	bruneta (ž)	[brunɛta]

dames- (abn)	dámský	[da:mski:]
maagd (de)	panna (ž)	[panna]
zwanger (bn)	těhotná	[tehotna:]

man (de)	muž (m)	[muʃ]
blonde man (de)	blondýn (m)	[blondi:n]
bruinharige man (de)	brunet (m)	[brunɛt]
groot (bn)	vysoký	[vɪsoki:]
klein (bn)	menší	[mɛnʃi:]

onbeleefd (bn)	hrubý	[hrubi:]
gedrongen (bn)	zavalitý	[zavalɪti:]
robuust (bn)	statný, zdatný	[statni:], [zdatni:]
sterk (bn)	silný	[sɪlni:]
sterkte (de)	síla (ž)	[si:la]

mollig (bn)	tělnatý	[telnati:]
getaand (bn)	snědý	[snedi:]
slank (bn)	štíhlý	[ʃti:hli:]
elegant (bn)	elegantní	[ɛlɛgantni:]

55. Leeftijd

leeftijd (de)	věk (m)	[vek]
jeugd (de)	mladost (ž)	[mladost]
jong (bn)	mladý	[mladi:]

jonger (bn)	mladší	[mladʃi:]
ouder (bn)	starší	[starʃi:]
jongen (de)	jinoch (m)	[jɪnox]
tiener, adolescent (de)	výrostek (m)	[vi:rostɛk]

kerel (de)	kluk (m)	[kluk]
oude man (de)	stařec (m)	[starʒɛts]
oude vrouw (de)	stařena (ž)	[starʒɛna]

volwassen (bn)	dospělý	[dospeli:]
van middelbare leeftijd (bn)	středního věku	[strʃɛdni:ho veku]
bejaard (bn)	starší	[starʃi:]
oud (bn)	starý	[stari:]

pensioen (het)	důchod (m)	[du:xot]
met pensioen gaan	odejít do důchodu	[odɛji:t do du:xodu]
gepensioneerde (de)	důchodce (m)	[du:xodtsɛ]

56. Kinderen

kind (het)	dítě (s)	[di:te]
kinderen (mv.)	děti (ž mn)	[detɪ]
tweeling (de)	blíženci (m mn)	[bli:ʒentsɪ]

wieg (de)	kolébka (ž)	[kolɛ:pka]
rammelaar (de)	chrastítko (s)	[xrasti:tko]
luier (de)	plenka (ž)	[plɛŋka]

speen (de)	dudlík (m)	[dudli:k]
kinderwagen (de)	kočárek (m)	[kotʃa:rɛk]
kleuterschool (de)	mateřská škola (ž)	[matɛrʃska: ʃkola]
babysitter (de)	chůva (ž)	[xu:va]

kindertijd (de)	dětství (s)	[detstvi:]
pop (de)	panenka (ž)	[panɛŋka]
speelgoed (het)	hračka (ž)	[hratʃka]
bouwspeelgoed (het)	dětská stavebnice (ž)	[detska: stavɛbnɪtsɛ]
welopgevoed (bn)	vychovaný	[vɪxovani:]
onopgevoed (bn)	nevychovaný	[nɛvɪxovani:]
verwend (bn)	rozmazlený	[rozmazlɛni:]

stout zijn (ww)	dovádět	[dova:det]
stout (bn)	nezbedný	[nɛzbɛdni:]
stoutheid (de)	nezbednost (ž)	[nɛzbɛdnost]
stouterd (de)	nezbedník (m)	[nɛzbɛdni:k]

gehoorzaam (bn)	poslušný	[posluʃni:]
ongehoorzaam (bn)	neposlušný	[nɛposluʃni:]

braaf (bn)	poslušný	[posluʃni:]
slim (verstandig)	rozumný	[rozumni:]
wonderkind (het)	zázračné dítě (s)	[za:zratʃnɛ: di:te]

57. Gehuwde paren. Gezinsleven

kussen (een kus geven)	líbat	[li:bat]
elkaar kussen (ww)	líbat se	[li:bat sɛ]

gezin (het)	rodina (ž)	[rodɪna]
gezins- (abn)	rodinný	[rodɪnni:]
paar (het)	pár (m)	[pa:r]
huwelijk (het)	manželství (s)	[manʒelstvi:]
thuis (het)	rodinný krb (m)	[rodɪnni: krp]
dynastie (de)	dynastie (ž)	[dɪnastɪe]

date (de)	rande (s)	[randɛ]
zoen (de)	pusa (ž)	[pusa]

liefde (de)	láska (ž)	[la:ska]
liefhebben (ww)	milovat	[mɪlovat]
geliefde (bn)	milovaný	[mɪlovani:]

tederheid (de)	něžnost (ž)	[neʒnost]
teder (bn)	něžný	[neʒni:]
trouw (de)	věrnost (ž)	[vernost]
trouw (bn)	věrný	[verni:]
zorg (bijv. bejaarden~)	péče (ž)	[pɛ:tʃɛ]
zorgzaam (bn)	starostlivý	[starostlɪvi:]

jonggehuwden (mv.)	novomanželé (m mn)	[novomanʒelɛ:]
wittebroodsweken (mv.)	líbánky (ž mn)	[li:ba:ŋkɪ]
trouwen (vrouw)	vdát se	[vda:t sɛ]
trouwen (man)	ženit se	[ʒenɪt sɛ]

bruiloft (de)	svatba (ž)	[svatba]
gouden bruiloft (de)	zlatá svatba (ž)	[zlata: svatba]
verjaardag (de)	výročí (s)	[vi:rotʃi:]

minnaar (de)	milenec (m)	[mɪlɛnɛts]
minnares (de)	milenka (ž)	[mɪlɛŋka]

overspel (het)	nevěra (ž)	[nɛvera]
overspel plegen (ww)	podvést	[podvɛ:st]
jaloers (bn)	žárlivý	[ʒa:rlɪvi:]
jaloers zijn (echtgenoot, enz.)	žárlit	[ʒa:rlɪt]
echtscheiding (de)	rozvod (m)	[rozvot]
scheiden (ww)	rozvést se	[rozvɛ:st sɛ]

ruzie hebben (ww)	hádat se	[ha:dat sɛ]
vrede sluiten (ww)	smiřovat se	[smɪrʒovat sɛ]
samen (bw)	spolu	[spolu]
seks (de)	sex (m)	[sɛks]

geluk (het)	štěstí (s)	[ʃtesti:]
gelukkig (bn)	šťastný	[ʃtʲastni:]
ongeluk (het)	neštěstí (s)	[nɛʃtesti:]
ongelukkig (bn)	nešťastný	[nɛʃtʲastni:]

Karakter. Gevoelens. Emoties

58. Gevoelens. Emoties

gevoel (het)	pocit (m)	[poʦɪt]
gevoelens (mv.)	pocity (m mn)	[poʦɪtɪ]
voelen (ww)	cítit	[ʦiːtɪt]
honger (de)	hlad (m)	[hlat]
honger hebben (ww)	mít hlad	[miːt hlat]
dorst (de)	žízeň (ž)	[ʒiːzɛnʲ]
dorst hebben	mít žízeň	[miːt ʒiːzɛnʲ]
slaperigheid (de)	ospalost (ž)	[ospalost]
willen slapen	chtít spát	[xtiːt spaːt]
moeheid (de)	únava (ž)	[uːnava]
moe (bn)	unavený	[unavɛniː]
vermoeid raken (ww)	unavit se	[unavɪt sɛ]
stemming (de)	nálada (ž)	[naːlada]
verveling (de)	nuda (ž)	[nuda]
zich vervelen (ww)	nudit se	[nudɪt sɛ]
afzondering (de)	samota (ž)	[samota]
zich afzonderen (ww)	odloučit se	[odloutʃɪt sɛ]
bezorgd maken	znepokojovat	[znɛpokojovat]
bezorgd zijn (ww)	znepokojovat se	[znɛpokojovat sɛ]
zorg (bijv. geld~en)	úzkost (ž)	[uːskost]
ongerustheid (de)	nepokoj (m)	[nɛpokoj]
ongerust (bn)	ustaraný	[ustaraniː]
zenuwachtig zijn (ww)	být nervózní	[biːt nɛrvoːzniː]
in paniek raken	panikařit	[panɪkarʒɪt]
hoop (de)	naděje (ž)	[nadějɛ]
hopen (ww)	doufat	[doufat]
zekerheid (de)	jistota (ž)	[jɪstota]
zeker (bn)	jistý	[jɪstiː]
onzekerheid (de)	nejistota (ž)	[nɛjɪstota]
onzeker (bn)	nejistý	[nɛjɪstiː]
dronken (bn)	opilý	[opɪliː]
nuchter (bn)	střízlivý	[strʒiːzlɪviː]
zwak (bn)	slabý	[slabiː]
gelukkig (bn)	šťastný	[ʃtʲastniː]
doen schrikken (ww)	polekat	[polɛkat]
toorn (de)	zuřivost (ž)	[zurʒɪvost]
woede (de)	vztek (m)	[vstɛk]
depressie (de)	deprese (ž)	[dɛprɛsɛ]
ongemak (het)	neklid (m)	[nɛklɪt]

gemak, comfort (het)	klid (m)	[klɪt]
spijt hebben (ww)	litovat	[lɪtovat]
spijt (de)	lítost (ž)	[li:tost]
pech (de)	smůla (ž)	[smu:la]
bedroefdheid (de)	rozladění (s)	[rozladeni:]

schaamte (de)	stud (m)	[stut]
pret (de), plezier (het)	radost (ž)	[radost]
enthousiasme (het)	nadšení (s)	[nadʃɛni:]
enthousiasteling (de)	nadšenec (m)	[nadʃɛnɛts]
enthousiasme vertonen	projevit nadšení	[projɛvɪt nadʃɛni:]

59. Karakter. Persoonlijkheid

karakter (het)	povaha (ž)	[povaha]
karakterfout (de)	vada (ž)	[vada]
rede (de), verstand (het)	rozum (m)	[rozum]

geweten (het)	svědomí (s)	[svedomi:]
gewoonte (de)	zvyk (m)	[zvɪk]
bekwaamheid (de)	schopnost (ž)	[sxopnost]
kunnen (bijv., ~ zwemmen)	umět	[umnet]

geduldig (bn)	trpělivý	[trpelɪvi:]
ongeduldig (bn)	opilý	[opɪli:]
nieuwsgierig (bn)	zvědavý	[zvedavi:]
nieuwsgierigheid (de)	zvědavost (ž)	[zvedavost]

bescheidenheid (de)	skromnost (ž)	[skromnost]
bescheiden (bn)	skromný	[skromni:]
onbescheiden (bn)	neskromný	[nɛskromni:]

luiheid (de)	lenost (ž)	[lɛnost]
lui (bn)	líný	[li:ni:]
luiwammes (de)	lenoch (m)	[lɛnox]

sluwheid (de)	vychytralost (ž)	[vɪxɪtralost]
sluw (bn)	vychytralý	[vɪxɪtrali:]
wantrouwen (het)	nedůvěra (ž)	[nɛdu:vera]
wantrouwig (bn)	nedůvěřivý	[nɛdu:verʒɪvi:]

gulheid (de)	štědrost (ž)	[ʃtedrost]
gul (bn)	štědrý	[ʃtedri:]
talentrijk (bn)	nadaný	[nadani:]
talent (het)	nadání (s)	[nada:ni:]

moedig (bn)	smělý	[smneli:]
moed (de)	smělost (ž)	[smnelost]
eerlijk (bn)	poctivý	[potstɪvi:]
eerlijkheid (de)	poctivost (ž)	[potstɪvost]

voorzichtig (bn)	opatrný	[opatrni:]
manhaftig (bn)	odvážný	[odva:ʒni:]
ernstig (bn)	vážný	[va:ʒni:]

streng (bn)	přísný	[prʃi:sni:]
resoluut (bn)	rozhodný	[rozhodni:]
onzeker, irresoluut (bn)	nerozhodný	[nɛrozhodni:]
schuchter (bn)	nesmělý	[nɛsmneli:]
schuchterheid (de)	nesmělost (ž)	[nɛsmnelost]

vertrouwen (het)	důvěra (ž)	[du:vera]
vertrouwen (ww)	věřit	[verʒɪt]
goedgelovig (bn)	důvěřivý	[du:verʒɪvi:]

oprecht (bw)	upřímně	[uprʃi:mne]
oprecht (bn)	upřímný	[uprʃi:mni:]
oprechtheid (de)	upřímnost (ž)	[uprʃi:mnost]
open (bn)	otevřený	[otɛvrʒɛni:]

rustig (bn)	tichý	[tɪxi:]
openhartig (bn)	upřímný	[uprʃi:mni:]
naïef (bn)	naivní	[naɪvni:]
verstrooid (bn)	roztržitý	[roztrʒɪti:]
leuk, grappig (bn)	směšný	[smneʃni:]

gierigheid (de)	lakomost (ž)	[lakomost]
gierig (bn)	lakomý	[lakomi:]
inhalig (bn)	skoupý	[skoupi:]
kwaad (bn)	zlý	[zli:]
koppig (bn)	tvrdohlavý	[tvrdohlavi:]
onaangenaam (bn)	nepříjemný	[nɛprʃi:jɛmni:]

egoïst (de)	sobec (m)	[sobɛts]
egoïstisch (bn)	sobecký	[sobɛtski:]
lafaard (de)	zbabělec (m)	[zbabelɛts]
laf (bn)	bázlivý	[ba:zlɪvi:]

60. Slaap. Dromen

slapen (ww)	spát	[spa:t]
slaap (in ~ vallen)	spaní (s)	[spani:]
droom (de)	sen (m)	[sɛn]
dromen (in de slaap)	snít	[sni:t]
slaperig (bn)	ospalý	[ospali:]

bed (het)	lůžko (s)	[lu:ʃko]
matras (de)	matrace (ž)	[matraʦɛ]
deken (de)	deka (ž)	[dɛka]
kussen (het)	polštář (m)	[polʃta:rʃ]
laken (het)	prostěradlo (s)	[prosteradlo]

slapeloosheid (de)	nespavost (ž)	[nɛspavost]
slapeloos (bn)	bezesný	[bɛzɛsni:]
slaapmiddel (het)	prášek (m) pro spaní	[pra:ʃɛk pro spani:]
slaapmiddel innemen	vzít prášek pro spaní	[vzi:t pra:ʃɛk pro spani:]

willen slapen	chtít spát	[xti:t spa:t]
geeuwen (ww)	zívnout	[zi:vnout]

gaan slapen	jít spát	[ji:t spa:t]
het bed opmaken	stlát postel	[stla:t postɛl]
inslapen (ww)	usnout	[usnout]

nachtmerrie (de)	noční můra (ž)	[notʃni: mu:ra]
gesnurk (het)	chrápání (s)	[xra:pa:ni:]
snurken (ww)	chrápat	[xra:pat]

wekker (de)	budík (m)	[budi:k]
wekken (ww)	vzbudit	[vzbudɪt]
wakker worden (ww)	probouzet se	[probouzɛt sɛ]
opstaan (ww)	vstávat	[vsta:vat]
zich wassen (ww)	umýt se	[umi:t sɛ]

61. Humor. Gelach. Blijdschap

humor (de)	humor (m)	[humor]
gevoel (het) voor humor	smysl (m)	[smɪsl]
plezier hebben (ww)	bavit se	[bavɪt sɛ]
vrolijk (bn)	veselý	[vɛsɛli:]
pret (de), plezier (het)	zábava (ž)	[za:bava]

glimlach (de)	úsměv (m)	[u:smnef]
glimlachen (ww)	usmívat se	[usmi:vat sɛ]
beginnen te lachen (ww)	zasmát se	[zasma:t sɛ]
lachen (ww)	smát se	[sma:t sɛ]
lach (de)	smích (m)	[smi:x]

mop (de)	anekdota (ž)	[anɛgdota]
grappig (een ~ verhaal)	směšný	[smneʃni:]
grappig (~e clown)	směšný	[smneʃni:]

grappen maken (ww)	žertovat	[ʒertovat]
grap (de)	žert (m)	[ʒert]
blijheid (de)	radost (ž)	[radost]
blij zijn (ww)	radovat se	[radovat sɛ]
blij (bn)	radostný	[radostni:]

62. Discussie, conversatie. Deel 1

communicatie (de)	styk (m)	[stɪk]
communiceren (ww)	komunikovat	[komunɪkovat]

conversatie (de)	rozhovor (m)	[rozhovor]
dialoog (de)	dialog (m)	[dɪalok]
discussie (de)	diskuse (ž)	[dɪskusɛ]
debat (het)	debata (ž)	[dɛbata]
debatteren, twisten (ww)	diskutovat	[dɪskutovat]

gesprekspartner (de)	účastník (m) rozhovoru	[u:tʃastni:k rozhovoru]
thema (het)	téma (s)	[tɛ:ma]
standpunt (het)	stanovisko (s)	[stanovɪsko]

| mening (de) | názor (m) | [na:zor] |
| toespraak (de) | projev (m) | [projɛf] |

bespreking (de)	diskuse (ž)	[dɪskusɛ]
bespreken (spreken over)	projednávat	[projɛdna:vat]
gesprek (het)	beseda (ž)	[bɛsɛda]
spreken (converseren)	besedovat	[bɛsɛdovat]
ontmoeting (de)	setkání (s)	[sɛtka:ni:]
ontmoeten (ww)	utkávat se	[utka:vat sɛ]

spreekwoord (het)	přísloví (s)	[prʃi:slovi:]
gezegde (het)	pořekadlo (s)	[porʒɛkadlo]
raadsel (het)	hádanka (ž)	[ha:daŋka]
een raadsel opgeven	dávat hádat	[da:vat ha:dat]
wachtwoord (het)	heslo (s)	[hɛslo]
geheim (het)	tajemství (s)	[tajɛmstvi:]

eed (de)	přísaha (ž)	[prʃi:saha]
zweren (een eed doen)	přísahat	[prʃi:sahat]
belofte (de)	slib (m)	[slɪp]
beloven (ww)	slibovat	[slɪbovat]

advies (het)	rada (ž)	[rada]
adviseren (ww)	radit	[radɪt]
luisteren (gehoorzamen)	poslouchat	[poslouxat]

nieuws (het)	novina (ž)	[novɪna]
sensatie (de)	senzace (ž)	[sɛnzaʦɛ]
informatie (de)	údaje (m mn)	[u:dajɛ]
conclusie (de)	závěr (m)	[za:ver]
stem (de)	hlas (m)	[hlas]
compliment (het)	lichotka (ž)	[lɪxotka]
vriendelijk (bn)	laskavý	[laskavi:]

woord (het)	slovo (s)	[slovo]
zin (de), zinsdeel (het)	věta (ž)	[veta]
antwoord (het)	odpověď (ž)	[otpovetʲ]

| waarheid (de) | pravda (ž) | [pravda] |
| leugen (de) | lež (ž) | [lɛʃ] |

gedachte (de)	myšlenka (ž)	[mɪʃlɛŋka]
idee (de/het)	idea (ž)	[ɪdɛa]
fantasie (de)	fantazie (ž)	[fantazɪe]

63. Discussie, conversatie. Deel 2

gerespecteerd (bn)	vážený	[va:ʒeni:]
respecteren (ww)	vážit si	[va:ʒɪt sɪ]
respect (het)	respekt (m)	[rɛspɛkt]
Geachte ... (brief)	vážený	[va:ʒeni:]

| voorstellen (Mag ik jullie ~) | seznámit | [sɛzna:mɪt] |
| intentie (de) | úmysl (m) | [u:mɪsl] |

intentie hebben (ww)	mít v úmyslu	[mi:t v u:mɪslu]
wens (de)	přání (s)	[prʃa:ni:]
wensen (ww)	popřát	[poprʃa:t]

verbazing (de)	překvapení (s)	[prʃɛkvapɛnɪ]
verbazen (verwonderen)	udivovat	[udɪvovat]
verbaasd zijn (ww)	divit se	[dɪvɪt sɛ]

geven (ww)	dát	[da:t]
nemen (ww)	vzít	[vzi:t]
teruggeven (ww)	vrátit	[vra:tɪt]
retourneren (ww)	odevzdat	[odɛvzdat]

zich verontschuldigen	omlouvat se	[omlouvat sɛ]
verontschuldiging (de)	omluva (ž)	[omluva]
vergeven (ww)	odpouštět	[otpouʃtet]

spreken (ww)	mluvit	[mluvɪt]
luisteren (ww)	poslouchat	[poslouxat]
aanhoren (ww)	vyslechnout	[vɪslɛxnout]
begrijpen (ww)	pochopit	[poxopɪt]

tonen (ww)	ukázat	[uka:zat]
kijken naar ...	dívat se	[di:vat sɛ]
roepen (vragen te komen)	zavolat	[zavolat]
storen (lastigvallen)	rušit	[ruʃɪt]
doorgeven (ww)	předat	[prʃɛdat]

verzoek (het)	prosba (ž)	[prozba]
verzoeken (ww)	prosit	[prosɪt]
eis (de)	požadavek (m)	[poʒadavɛk]
eisen (met klem vragen)	žádat	[ʒa:dat]

beledigen	škádlit	[ʃka:dlɪt]
(beledigende namen geven)		
uitlachen (ww)	vysmívat se	[vɪsmi:vat sɛ]
spot (de)	výsměch (m)	[vi:smnex]
bijnaam (de)	přezdívka (ž)	[prʃɛzdi:fka]

zinspeling (de)	narážka (ž)	[nara:ʃka]
zinspelen (ww)	narážet	[nara:ʒet]
impliceren (duiden op)	mínit	[mi:nɪt]

beschrijving (de)	popis (m)	[popɪs]
beschrijven (ww)	popsat	[popsat]
lof (de)	pochvala (ž)	[poxvala]
loven (ww)	pochválit	[poxva:lɪt]

teleurstelling (de)	zklamání (s)	[sklama:ni:]
teleurstellen (ww)	zklamat	[sklamat]
teleurgesteld zijn (ww)	zklamat se	[sklamat sɛ]

veronderstelling (de)	předpoklad (m)	[prʃɛtpoklat]
veronderstellen (ww)	předpokládat	[prʃɛtpokla:dat]
waarschuwing (de)	varování (s)	[varova:ni:]
waarschuwen (ww)	varovat	[varovat]

64. Discussie, conversatie. Deel 3

aanpraten (ww)	přemluvit	[prʃɛmluvɪt]
kalmeren (kalm maken)	uklidňovat	[uklɪdnʲovat]
stilte (de)	mlčení (s)	[mlʧɛni:]
zwijgen (ww)	mlčet	[mlʧɛt]
fluisteren (ww)	šeptnout	[ʃɛptnout]
gefluister (het)	šepot (m)	[ʃɛpot]
open, eerlijk (bw)	otevřeně	[otɛvrʒɛne]
volgens mij ...	podle mého názoru ...	[podlɛ mɛ:ho na:zoru]
detail (het)	podrobnost (ž)	[podrobnost]
gedetailleerd (bn)	podrobný	[podrobni:]
gedetailleerd (bw)	podrobně	[podrobne]
hint (de)	nápověda (ž)	[na:poveda]
een hint geven	napovídat	[napovi:dat]
blik (de)	pohled (m)	[pohlɛt]
een kijkje nemen	pohlédnout	[pohlɛ:dnout]
strak (een ~ke blik)	ustrnulý	[ustrnuli:]
knipperen (ww)	mrkat	[mrkat]
knipogen (ww)	mrknout	[mrknout]
knikken (ww)	kývnout	[ki:vnout]
zucht (de)	vzdech (m)	[vzdɛx]
zuchten (ww)	vzdechnout	[vzdɛxnout]
huiveren (ww)	zachvívat se	[zaxvi:vat sɛ]
gebaar (het)	gesto (s)	[gɛsto]
aanraken (ww)	dotknout se	[dotknout sɛ]
grijpen (ww)	chytat	[xɪtat]
een schouderklopje geven	plácat	[pla:ʦat]
Kijk uit!	Pozor!	[pozor]
Echt?	Opravdu?	[opravdu]
Bent je er zeker van?	Jsi si tím jist?	[jsɪ sɪ ti:m jɪst]
Succes!	Hodně zdaru!	[hodne zdaru]
Juist, ja!	Jasně!	[jasne]
Wat jammer!	Škoda!	[ʃkoda]

65. Overeenstemming. Weigering

instemming (het)	souhlas (m)	[souhlas]
instemmen (akkoord gaan)	souhlasit	[souhlasɪt]
goedkeuring (de)	schválení (s)	[sxva:lɛni:]
goedkeuren (ww)	schválit	[sxva:lɪt]
weigering (de)	odmítnutí (s)	[odmi:tnuti:]
weigeren (ww)	odmítat	[odmi:tat]
Geweldig!	Výborně!	[vi:borne]
Goed!	Dobře!	[dobrʒɛ]

Akkoord!	Platí!	[plati:]
verboden (bn)	zakázaný	[zaka:zani:]
het is verboden	nesmí se	[nɛsmi: sɛ]
het is onmogelijk	není možno	[nɛni: moʒno]
onjuist (bn)	nesprávný	[nɛspra:vni:]

afwijzen (ww)	zamítnout	[zami:tnout]
steunen	podpořit	[potporʒɪt]
(een goed doel, enz.)		
aanvaarden (excuses ~)	akceptovat	[aktsɛptovat]

bevestigen (ww)	potvrdit	[potvrdɪt]
bevestiging (de)	potvrzení (s)	[potvrzɛni:]
toestemming (de)	povolení (s)	[povolɛni:]
toestaan (ww)	dovolit	[dovolɪt]
beslissing (de)	rozhodnutí (s)	[rozhodnuti:]
z'n mond houden (ww)	nepromluvit	[nɛpromluvɪt]

voorwaarde (de)	podmínka (ž)	[podmi:ŋka]
smoes (de)	výmluva (ž)	[vi:mluva]

lof (de)	pochvala (ž)	[poxvala]
loven (ww)	chválit	[xva:lɪt]

66. Succes. Veel geluk. Mislukking

succes (het)	úspěch (m)	[u:spex]
succesvol (bw)	úspěšně	[u:speʃne]
succesvol (bn)	úspěšný	[u:spɛʃni:]

geluk (het)	zdar (m)	[zdar]
Succes!	Hodně zdaru!	[hodne zdaru]

geluks- (bn)	zdařilý	[zdarʒɪli:]
gelukkig (fortuinlijk)	mít štěstí	[mi:t ʃtɛsti:]

mislukking (de)	nezdar (m)	[nɛzdar]
tegenslag (de)	neštěstí (s)	[nɛʃtesti:]
pech (de)	smůla (ž)	[smu:la]

zonder succes (bn)	nepodařený	[nɛpodarʒɛni:]
catastrofe (de)	katastrofa (ž)	[katastrofa]

fierheid (de)	hrdost (ž)	[hrdost]
fier (bn)	hrdý	[hrdi:]
fier zijn (ww)	být hrdý	[bi:t hrdi:]

winnaar (de)	vítěz (m)	[vi:tez]
winnen (ww)	zvítězit	[zvi:tezɪt]

verliezen (ww)	prohrát	[prohra:t]
poging (de)	pokus (m)	[pokus]
pogen, proberen (ww)	pokoušet se	[pokouʃet sɛ]
kans (de)	šance (ž)	[ʃantsɛ]

67. Ruzies. Negatieve emoties

schreeuw (de)	křik (m)	[krʃɪk]
schreeuwen (ww)	křičet	[krʃɪtʃet]
beginnen te schreeuwen	zakřičet	[zakrʃɪtʃet]

ruzie (de)	hádka (ž)	[haːtka]
ruzie hebben (ww)	hádat se	[haːdat sɛ]
schandaal (het)	skandál (m)	[skandaːl]
schandaal maken (ww)	dělat skandál	[delat skandaːl]
conflict (het)	konflikt (m)	[konflɪkt]
misverstand (het)	nedorozumění (s)	[nɛdorozumneni:]

belediging (de)	urážka (ž)	[uraːʃka]
beledigen	urážet	[uraːʒet]
(met scheldwoorden)		
beledigd (bn)	uražený	[uraʒeni:]
krenking (de)	urážka (ž)	[uraːʃka]
krenken (beledigen)	urazit	[urazɪt]
gekwetst worden (ww)	urazit se	[urazɪt sɛ]

verontwaardiging (de)	rozhořčení (s)	[rozhorʃtʃeni:]
verontwaardigd zijn (ww)	rozhořčovat se	[rozhorʃtʃovat sɛ]
klacht (de)	stížnost (ž)	[stiːʒnost]
klagen (ww)	stěžovat si	[steʒovat sɪ]

verontschuldiging (de)	omluva (ž)	[omluva]
zich verontschuldigen	omlouvat se	[omlouvat sɛ]
excuus vragen	prosit o prominutí	[prosɪt o promɪnuti:]

kritiek (de)	kritika (ž)	[krɪtɪka]
bekritiseren (ww)	kritizovat	[krɪtɪzovat]
beschuldiging (de)	obvinění (s)	[obvɪneni:]
beschuldigen (ww)	obviňovat	[obvɪnʲovat]

wraak (de)	pomsta (ž)	[pomsta]
wreken (ww)	mstít se	[msti:t sɛ]
wraak nemen (ww)	odplatit	[otplatɪt]

minachting (de)	opovržení (s)	[opovrʒeni:]
minachten (ww)	pohrdat	[pohrdat]
haat (de)	nenávist (ž)	[nɛnaːvɪst]
haten (ww)	nenávidět	[nɛnaːvɪdet]

zenuwachtig (bn)	nervózní	[nɛrvoːzniː]
zenuwachtig zijn (ww)	být nervózní	[biːt nɛrvoːzniː]
boos (bn)	rozčilený	[roztʃɪleniː]
boos maken (ww)	rozčilit	[roztʃɪlɪt]

vernedering (de)	ponížení (s)	[poniːʒeniː]
vernederen (ww)	ponižovat	[ponɪʒovat]
zich vernederen (ww)	ponižovat se	[ponɪʒovat sɛ]

schok (de)	šok (m)	[ʃok]
schokken (ww)	šokovat	[ʃokovat]

onaangenaamheid (de)	nepříjemnost (ž)	[nɛprʃiːjɛmnost]
onaangenaam (bn)	nepříjemný	[nɛprʃiːjɛmniː]

vrees (de)	strach (m)	[strax]
vreselijk (bijv. ~ onweer)	strašný	[straʃniː]
eng (bn)	strašný	[straʃniː]
gruwel (de)	hrůza (ž)	[hruːza]
vreselijk (~ nieuws)	hrůzyplný	[hruːzɪplniː]

huilen (wenen)	plakat	[plakat]
beginnen te huilen (wenen)	zaplakat	[zaplakat]
traan (de)	slza (ž)	[slza]

schuld (~ geven aan)	provinění (s)	[provɪneniː]
schuldgevoel (het)	vina (ž)	[vɪna]
schande (de)	hanba (ž)	[hanba]
protest (het)	protest (m)	[protɛst]
stress (de)	stres (m)	[strɛs]

storen (lastigvallen)	rušit	[ruʃɪt]
kwaad zijn (ww)	zlobit se	[zlobɪt sɛ]
kwaad (bn)	naštvaný	[naʃtvaniː]
beëindigen (een relatie ~)	přerušovat	[prʃɛruʃovat]
vloeken (ww)	hádat se	[haːdat sɛ]

schrikken (schrik krijgen)	lekat se	[lɛkat sɛ]
slaan (iemand ~)	udeřit	[udɛrʒɪt]
vechten (ww)	prát se	[praːt sɛ]

regelen (conflict)	urovnat	[urovnat]
ontevreden (bn)	nespokojený	[nɛspokojɛniː]
woedend (bn)	vzteklý	[vstɛkliː]

Dat is niet goed!	To není dobře!	[to nɛniː dobrʒɛ]
Dat is slecht!	To je špatné!	[to jɛ ʃpatnɛː]

Geneeskunde

68. Ziekten

ziekte (de)	nemoc (ž)	[nɛmoʦ]
ziek zijn (ww)	být nemocný	[bi:t nɛmoʦni:]
gezondheid (de)	zdraví (s)	[zdravi:]
snotneus (de)	rýma (ž)	[ri:ma]
angina (de)	angína (ž)	[angi:na]
verkoudheid (de)	nachlazení (s)	[naxlazɛni:]
verkouden raken (ww)	nachladit se	[naxladɪt sɛ]
bronchitis (de)	bronchitida (ž)	[bronxɪti:da]
longontsteking (de)	zápal (m) plic	[za:pal plɪʦ]
griep (de)	chřipka (ž)	[xrʃɪpka]
bijziend (bn)	krátkozraký	[kra:tkozraki:]
verziend (bn)	dalekozraký	[dalɛkozraki:]
scheelheid (de)	šilhavost (ž)	[ʃɪlhavost]
scheel (bn)	šilhavý	[ʃɪlhavi:]
grauwe staar (de)	šedý zákal (m)	[ʃɛdi: za:kal]
glaucoom (het)	zelený zákal (m)	[zɛlɛni: za:kal]
beroerte (de)	mozková mrtvice (ž)	[moskova: mrtvɪʦɛ]
hartinfarct (het)	infarkt (m)	[ɪnfarkt]
myocardiaal infarct (het)	infarkt (m) myokardu	[ɪnfarkt mɪokardu]
verlamming (de)	obrna (ž)	[obrna]
verlammen (ww)	paralyzovat	[paralɪzovat]
allergie (de)	alergie (ž)	[alɛrgɪe]
astma (de/het)	astma (s)	[astma]
diabetes (de)	cukrovka (ž)	[ʦukrofka]
tandpijn (de)	bolení (s) zubů	[bolɛni: zubu:]
tandbederf (het)	zubní kaz (m)	[zubni: kaz]
diarroe (de)	průjem (m)	[pru:jɛm]
constipatie (de)	zácpa (ž)	[za:ʦpa]
maagstoornis (de)	žaludeční potíže (ž mn)	[ʒaludɛtʃni: poti:ʒe]
voedselvergiftiging (de)	otrava (ž)	[otrava]
voedselvergiftiging oplopen	otrávit se	[otra:vɪt sɛ]
artritis (de)	artritida (ž)	[artrɪtɪda]
rachitis (de)	rachitida (ž)	[raxɪtɪda]
reuma (het)	revmatismus (m)	[rɛvmatɪzmus]
arteriosclerose (de)	ateroskleróza (ž)	[atɛrosklɛro:za]
gastritis (de)	gastritida (ž)	[gastrɪtɪda]
blindedarmontsteking (de)	apendicitida (ž)	[apɛndɪʦɪtɪda]

| galblaasontsteking (de) | zánět (m) žlučníku | [za:net ʒlutʃni:ku] |
| zweer (de) | vřed (m) | [vrʒɛt] |

mazelen (mv.)	spalničky (ž mn)	[spalnɪtʃki:]
rodehond (de)	zarděnky (ž mn)	[zardeŋkɪ]
geelzucht (de)	žloutenka (ž)	[ʒloutɛŋka]
leverontsteking (de)	hepatitida (ž)	[hɛpatɪtɪda]

schizofrenie (de)	schizofrenie (ž)	[sxɪzofrɛnɪe]
dolheid (de)	vzteklina (ž)	[vstɛklɪna]
neurose (de)	neuróza (ž)	[nɛuro:za]
hersenschudding (de)	otřes (m) mozku	[otrʃɛs mosku]

kanker (de)	rakovina (ž)	[rakovɪna]
sclerose (de)	skleróza (ž)	[sklɛro:za]
multiple sclerose (de)	roztroušená skleróza (ž)	[roztrouʃɛna: sklɛro:za]

alcoholisme (het)	alkoholismus (m)	[alkoholɪzmus]
alcoholicus (de)	alkoholik (m)	[alkoholɪk]
syfilis (de)	syfilida (ž)	[sɪfɪlɪda]
AIDS (de)	AIDS (m)	[ajts]

tumor (de)	nádor (m)	[na:dor]
kwaadaardig (bn)	zhoubný	[zhoubni:]
goedaardig (bn)	nezhoubný	[nɛzhoubni:]

koorts (de)	zimnice (ž)	[zɪmnɪtsɛ]
malaria (de)	malárie (ž)	[mala:rɪe]
gangreen (het)	gangréna (ž)	[gangrɛ:na]
zeeziekte (de)	mořská nemoc (ž)	[morʃska: nɛmots]
epilepsie (de)	padoucnice (ž)	[padoutsnɪtsɛ]

epidemie (de)	epidemie (ž)	[ɛpɪdɛmɪe]
tyfus (de)	tyf (m)	[tɪf]
tuberculose (de)	tuberkulóza (ž)	[tubɛrkulo:za]
cholera (de)	cholera (ž)	[xolɛra]
pest (de)	mor (m)	[mor]

69. Symptomen. Behandelingen. Deel 1

symptoom (het)	příznak (m)	[prʃi:znak]
temperatuur (de)	teplota (ž)	[tɛplota]
verhoogde temperatuur (de)	vysoká teplota (ž)	[vɪsoka: tɛplota]
polsslag (de)	tep (m)	[tɛp]

duizeling (de)	závrať (ž)	[za:vratʲ]
heet (erg warm)	horký	[horki:]
koude rillingen (mv.)	mrazení (s)	[mrazɛni:]
bleek (bn)	bledý	[blɛdi:]

hoest (de)	kašel (m)	[kaʃɛl]
hoesten (ww)	kašlat	[kaʃlat]
niezen (ww)	kýchat	[ki:xat]
flauwte (de)	mdloby (ž mn)	[mdlobɪ]

flauwvallen (ww)	upadnout do mdlob	[upadnout do mdlop]
blauwe plek (de)	modřina (ž)	[modrʒɪna]
buil (de)	boule (ž)	[boulɛ]
zich stoten (ww)	uhodit se	[uhodɪt sɛ]
kneuzing (de)	pohmožděnina (ž)	[pohmoʒdenɪna]
kneuzen (gekneusd zijn)	uhodit se	[uhodɪt sɛ]

hinken (ww)	kulhat	[kulhat]
verstuiking (de)	vykloubení (s)	[vɪkloubɛni:]
verstuiken (enkel, enz.)	vykloubit	[vɪkloubɪt]
breuk (de)	zlomenina (ž)	[zlomɛnɪna]
een breuk oplopen	dostat zlomeninu	[dostat zlomɛnɪnu]

snijwond (de)	říznutí (s)	[rʒi:znuti:]
zich snijden (ww)	říznout se	[rʒi:znout sɛ]
bloeding (de)	krvácení (s)	[krva:tsɛni:]

brandwond (de)	popálenina (ž)	[popa:lɛnɪna]
zich branden (ww)	spálit se	[spa:lɪt sɛ]

prikken (ww)	píchnout	[pi:xnout]
zich prikken (ww)	píchnout se	[pi:xnout sɛ]
blesseren (ww)	pohmoždit	[pohmoʒdɪt]
blessure (letsel)	pohmoždění (s)	[pohmoʒdeni:]
wond (de)	rána (ž)	[ra:na]
trauma (het)	úraz (m)	[u:raz]

ijlen (ww)	blouznit	[blouznɪt]
stotteren (ww)	zajíkat se	[zaji:kat sɛ]
zonnesteek (de)	úpal (m)	[u:pal]

70. Symptomen. Behandelingen. Deel 2

pijn (de)	bolest (ž)	[bolɛst]
splinter (de)	tříska (ž)	[trʃi:ska]

zweet (het)	pot (m)	[pot]
zweten (ww)	potit se	[potɪt sɛ]
braking (de)	zvracení (s)	[zvratsɛni:]
stuiptrekkingen (mv.)	křeče (ž mn)	[krʃɛtʃɛ]

zwanger (bn)	těhotná	[tehotna:]
geboren worden (ww)	narodit se	[narodɪt sɛ]
geboorte (de)	porod (m)	[porot]
baren (ww)	rodit	[rodɪt]
abortus (de)	umělý potrat (m)	[umneli: potrat]

ademhaling (de)	dýchání (s)	[di:xa:ni:]
inademing (de)	vdech (m)	[vdɛx]
uitademing (de)	výdech (m)	[vi:dɛx]
uitademen (ww)	vydechnout	[vɪdɛxnout]
inademen (ww)	nadechnout se	[nadɛxnout sɛ]
invalide (de)	invalida (m)	[ɪnvalɪda]
gehandicapte (de)	mrzák (m)	[mrza:k]

drugsverslaafde (de)	narkoman (m)	[narkoman]
doof (bn)	hluchý	[hluxi:]
stom (bn)	němý	[nemi:]
krankzinnig (bn)	šílený	[ʃi:lɛni:]
krankzinnige (man)	šílenec (m)	[ʃi:lɛnɛts]
krankzinnige (vrouw)	šílenec (ž)	[ʃi:lɛnɛts]
krankzinnig worden	zešílet	[zɛʃi:lɛt]
gen (het)	gen (m)	[gɛn]
immuniteit (de)	imunita (ž)	[ɪmunɪta]
erfelijk (bn)	dědičný	[dedɪt͡ʃni:]
aangeboren (bn)	vrozený	[vrozɛni:]
virus (het)	virus (m)	[vɪrus]
microbe (de)	mikrob (m)	[mɪkrop]
bacterie (de)	baktérie (ž)	[baktɛ:rɪe]
infectie (de)	infekce (ž)	[ɪnfɛkt͡sɛ]

71. Symptomen. Behandelingen. Deel 3

ziekenhuis (het)	nemocnice (ž)	[nɛmot͡snɪt͡sɛ]
patiënt (de)	pacient (m)	[pat͡sɪent]
diagnose (de)	diagnóza (ž)	[dɪagno:za]
genezing (de)	léčení (s)	[lɛ:t͡ʃɛni:]
medische behandeling (de)	léčba (ž)	[lɛ:t͡ʃba]
onder behandeling zijn	léčit se	[lɛ:t͡ʃɪt sɛ]
behandelen (ww)	léčit	[lɛ:t͡ʃɪt]
zorgen (zieken ~)	ošetřovat	[oʃɛtrʃovat]
ziekenzorg (de)	ošetřování (s)	[oʃɛtrʃova:ni:]
operatie (de)	operace (ž)	[opɛrat͡sɛ]
verbinden (een arm ~)	obvázat	[obva:zat]
verband (het)	obvazování (s)	[obvazova:ni:]
vaccin (het)	očkování (s)	[ot͡ʃkova:ni:]
inenten (vaccineren)	dělat očkování	[delat ot͡ʃkova:ni:]
injectie (de)	injekce (ž)	[ɪnjɛkt͡sɛ]
een injectie geven	dávat injekci	[da:vat ɪnjɛkt͡sɪ]
aanval (de)	záchvat (m)	[za:xvat]
amputatie (de)	amputace (ž)	[amputat͡sɛ]
amputeren (ww)	amputovat	[amputovat]
coma (het)	kóma (s)	[ko:ma]
in coma liggen	být v kómatu	[bi:t v ko:matu]
intensieve zorg, ICU (de)	reanimace (ž)	[rɛanɪmat͡sɛ]
zich herstellen (ww)	uzdravovat se	[uzdravovat sɛ]
toestand (de)	stav (m)	[staf]
bewustzijn (het)	vědomí (s)	[vedomi:]
geheugen (het)	paměť (ž)	[pamnetʲ]
trekken (een kies ~)	trhat	[trhat]
vulling (de)	plomba (ž)	[plomba]

vullen (ww)	plombovat	[plombovat]
hypnose (de)	hypnóza (ż)	[hɪpno:za]
hypnotiseren (ww)	hypnotizovat	[hɪpnotɪzovat]

72. Artsen

dokter, arts (de)	lékař (m)	[lɛ:karʃ]
ziekenzuster (de)	zdravotní sestra (ż)	[zdravotni: sɛstra]
lijfarts (de)	osobní lékař (m)	[osobni: lɛ:karʃ]

tandarts (de)	zubař (m)	[zubarʃ]
oogarts (de)	oční lékař (m)	[otʃni: lɛ:karʃ]
therapeut (de)	internista (m)	[ɪntɛrnɪsta]
chirurg (de)	chirurg (m)	[xɪrurg]

psychiater (de)	psychiatr (m)	[psɪxɪatr]
pediater (de)	pediatr (m)	[pɛdɪatr]
psycholoog (de)	psycholog (m)	[psɪxolog]
gynaecoloog (de)	gynekolog (m)	[gɪnɛkolog]
cardioloog (de)	kardiolog (m)	[kardɪolog]

73. Geneeskunde. Medicijnen. Accessoires

geneesmiddel (het)	lék (m)	[lɛ:k]
middel (het)	prostředek (m)	[prostrʃɛdɛk]
voorschrijven (ww)	předepsat	[prʒɛdɛpsat]
recept (het)	recept (m)	[rɛtsɛpt]

tablet (de/het)	tableta (ż)	[tablɛta]
zalf (de)	mast (ż)	[mast]
ampul (de)	ampule (ż)	[ampulɛ]
drank (de)	mixtura (ż)	[mɪkstura]
siroop (de)	sirup (m)	[sɪrup]
pil (de)	pilulka (ż)	[pɪlulka]
poeder (de/het)	prášek (m)	[pra:ʃɛk]

verband (het)	obvaz (m)	[obvaz]
watten (mv.)	vata (ż)	[vata]
jodium (het)	jód (m)	[jo:t]
pleister (de)	leukoplast (m)	[lɛukoplast]
pipet (de)	pipeta (ż)	[pɪpɛta]
thermometer (de)	teploměr (m)	[tɛplomner]
spuit (de)	injekční stříkačka (ż)	[ɪnjɛktʃni: strʃi:katʃka]

| rolstoel (de) | vozík (m) | [vozi:k] |
| krukken (mv.) | berle (ż mn) | [bɛrlɛ] |

pijnstiller (de)	anestetikum (s)	[anɛstɛtɪkum]
laxeermiddel (het)	projímadlo (s)	[proji:madlo]
spiritus (de)	líh (m)	[li:x]
medicinale kruiden (mv.)	bylina (ż)	[bɪlɪna]
kruiden- (abn)	bylinný	[bɪlɪnni:]

74. Roken. Tabaksproducten

tabak (de)	tabák (m)	[taba:k]
sigaret (de)	cigareta (ž)	[tsɪgarɛta]
sigaar (de)	doutník (m)	[doutni:k]
pijp (de)	dýmka (ž)	[di:mka]
pakje (~ sigaretten)	krabička (ž)	[krabɪtʃka]

lucifers (mv.)	zápalky (ž mn)	[za:palkɪ]
luciferdoosje (het)	krabička (ž) zápalek	[krabɪtʃka za:palek]
aansteker (de)	zapalovač (m)	[zapalovatʃ]
asbak (de)	popelník (m)	[popɛlni:k]
sigarettendoosje (het)	pouzdro (s) na cigarety	[pouzdro na tsɪgarɛtɪ]

sigarettenpijpje (het)	špička (ž) na cigarety	[ʃpɪtʃka na tsɪgarɛtɪ]
filter (de/het)	filtr (m)	[fɪltr]

roken (ww)	kouřit	[kourʒɪt]
een sigaret opsteken	zapálit si	[zapa:lɪt sɪ]
roken (het)	kouření (s)	[kourʒɛni:]
roker (de)	kuřák (m)	[kurʒa:k]

peuk (de)	nedopalek (m)	[nɛdopalɛk]
rook (de)	kouř (m)	[kourʃ]
as (de)	popel (m)	[popɛl]

HET MENSELIJKE LEEFGEBIED

Stad

75. Stad. Het leven in de stad

stad (de)	město (s)	[mnesto]
hoofdstad (de)	hlavní město (s)	[hlavni: mnesto]
dorp (het)	venkov (m)	[vɛŋkof]
plattegrond (de)	plán (m) města	[pla:n mnesta]
centrum (ov. een stad)	střed (m) města	[strʃɛd mnesta]
voorstad (de)	předměstí (s)	[prʃɛdmnesti:]
voorstads- (abn)	předměstský	[prʃɛdmnestski:]
randgemeente (de)	okraj (m)	[okraj]
omgeving (de)	okolí (s)	[okoli:]
blok (huizenblok)	čtvrť (ž)	[ʧtvrtⁱ]
woonwijk (de)	obytná čtvrť (ž)	[obɪtna: ʧtvrtⁱ]
verkeer (het)	provoz (m)	[provoz]
verkeerslicht (het)	semafor (m)	[sɛmafor]
openbaar vervoer (het)	městská doprava (ž)	[mnestska: doprava]
kruispunt (het)	křižovatka (ž)	[krʃɪʒovatka]
zebrapad (oversteekplaats)	přechod (m)	[prʃɛxot]
onderdoorgang (de)	podchod (m)	[podxot]
oversteken (de straat ~)	přecházet	[prʃɛxa:zɛt]
voetganger (de)	chodec (m)	[xodɛʦ]
trottoir (het)	chodník (m)	[xodni:k]
brug (de)	most (m)	[most]
dijk (de)	nábřeží (s)	[na:brʒɛʒi:]
fontein (de)	fontána (ž)	[fonta:na]
allee (de)	alej (ž)	[alɛj]
park (hot)	park (m)	[park]
boulevard (de)	bulvár (m)	[bulvaˑr]
plein (het)	náměstí (s)	[na:mnesti:]
laan (de)	třída (ž)	[trʃi:da]
straat (de)	ulice (ž)	[ulɪʦɛ]
zijstraat (de)	boční ulice (ž)	[boʧni: ulɪʦɛ]
doodlopende straat (de)	slepá ulice (ž)	[slɛpa: ulɪʦɛ]
huis (het)	dům (m)	[du:m]
gebouw (het)	budova (ž)	[budova]
wolkenkrabber (de)	mrakodrap (m)	[mrakodrap]
gevel (de)	fasáda (ž)	[fasa:da]
dak (het)	střecha (ž)	[strʃɛxa]

venster (het)	okno (s)	[okno]
boog (de)	oblouk (m)	[oblouk]
pilaar (de)	sloup (m)	[sloup]
hoek (ov. een gebouw)	roh (m)	[rox]

vitrine (de)	výloha (ž)	[vi:loha]
gevelreclame (de)	vývěsní tabule (ž)	[vi:vesni: tabulɛ]
affiche (de/het)	plakát (m)	[plaka:t]
reclameposter (de)	reklamní plakát (m)	[rɛklamni: plaka:t]
aanplakbord (het)	billboard (m)	[bɪlbo:rt]

vuilnis (de/het)	odpadky (m mn)	[otpatki:]
vuilnisbak (de)	popelnice (ž)	[popɛlnɪtsɛ]
afval weggooien (ww)	dělat smetí	[delat smɛti:]
stortplaats (de)	smetiště (s)	[smɛtɪʃtɛ]

telefooncel (de)	telefonní budka (ž)	[tɛlɛfonni: butka]
straatlicht (het)	pouliční svítilna (ž)	[poulɪʧni: svi:tɪlna]
bank (de)	lavička (ž)	[lavɪʧka]

politieagent (de)	policista (m)	[polɪtsɪsta]
politie (de)	policie (ž)	[polɪtsɪe]
zwerver (de)	žebrák (m)	[ʒebra:k]
dakloze (de)	bezdomovec (m)	[bɛzdomovɛts]

76. Stedelijke instellingen

winkel (de)	obchod (m)	[obxot]
apotheek (de)	lékárna (ž)	[lɛ:ka:rna]
optiek (de)	oční optika (ž)	[oʧni: optɪka]
winkelcentrum (het)	obchodní středisko (s)	[obxodni: střɛdɪsko]
supermarkt (de)	supermarket (m)	[supɛrmarket]

bakkerij (de)	pekařství (s)	[pɛkarʃstvi:]
bakker (de)	pekař (m)	[pɛkarʃ]
banketbakkerij (de)	cukrárna (ž)	[tsukra:rna]
kruidenier (de)	smíšené zboží (s)	[smiʃɛnɛ: zboʒi:]
slagerij (de)	řeznictví (s)	[rʒɛznɪtstvi:]

| groentewinkel (de) | zelinářství (s) | [zɛlɪna:rʃstvi:] |
| markt (de) | tržnice (ž) | [trʒnɪtsɛ] |

koffiehuis (het)	kavárna (ž)	[kava:rna]
restaurant (het)	restaurace (ž)	[rɛstauratsɛ]
bar (de)	pivnice (ž)	[pɪvnɪtsɛ]
pizzeria (de)	pizzerie (ž)	[pɪtsɛrɪe]

kapperssalon (de/het)	holičství (s) a kadeřnictví	[holɪʧstvi: a kadɛrʒnɪtstvi:]
postkantoor (het)	pošta (ž)	[poʃta]
stomerij (de)	čistírna (ž)	[ʧɪsti:rna]
fotostudio (de)	fotografický ateliér (m)	[fotografɪtski: atɛlɪe:r]

| schoenwinkel (de) | obchod (m) s obuví | [obxot s obuvi:] |
| boekhandel (de) | knihkupectví (s) | [knɪxkupɛtstvi:] |

sportwinkel (de)	sportovní potřeby (ž mn)	[sportovni: potrʃɛbɪ]
kledingreparatie (de)	opravna (ž) oděvů	[opravna odevu:]
kledingverhuur (de)	půjčovna (ž) oděvů	[pu:jtʃovna odevu:]
videotheek (de)	půjčovna (ž) filmů	[pu:jtʃovna fɪlmu:]

circus (de/het)	cirkus (m)	[tsɪrkus]
dierentuin (de)	zoologická zahrada (ž)	[zoologɪtska: zahrada]
bioscoop (de)	biograf (m)	[bɪograf]
museum (het)	muzeum (s)	[muzɛum]
bibliotheek (de)	knihovna (ž)	[knɪhovna]

theater (het)	divadlo (s)	[dɪvadlo]
opera (de)	opera (ž)	[opɛra]
nachtclub (de)	noční klub (m)	[notʃni: klup]
casino (het)	kasino (s)	[kasi:no]

moskee (de)	mešita (ž)	[mɛʃɪta]
synagoge (de)	synagóga (ž)	[sinago:ga]
kathedraal (de)	katedrála (ž)	[katɛdra:la]
tempel (de)	chrám (m)	[xra:m]
kerk (de)	kostel (m)	[kostɛl]

instituut (het)	vysoká škola (ž)	[vɪsoka: ʃkola]
universiteit (de)	univerzita (ž)	[unɪvɛrzɪta]
school (de)	škola (ž)	[ʃkola]

gemeentehuis (het)	prefektura (ž)	[prɛfɛktura]
stadhuis (het)	magistrát (m)	[magɪstra:t]
hotel (het)	hotel (m)	[hotɛl]
bank (de)	banka (ž)	[baŋka]

ambassade (de)	velvyslanectví (s)	[vɛlvɪslanɛtstvi:]
reisbureau (het)	cestovní kancelář (ž)	[tsɛstovni: kantsɛla:rʃ]
informatieloket (het)	informační kancelář (ž)	[ɪnformatʃni: kantsɛla:rʃ]
wisselkantoor (het)	směnárna (ž)	[smnena:rna]

| metro (de) | metro (s) | [mɛtro] |
| ziekenhuis (het) | nemocnice (ž) | [nɛmotsnɪtsɛ] |

| benzinestation (het) | benzínová stanice (ž) | [bɛnzi:nova: stanɪtsɛ] |
| parking (de) | parkoviště (s) | [parkovɪʃte] |

77. Stedelijk vervoer

bus, autobus (de)	autobus (m)	[autobus]
tram (de)	tramvaj (ž)	[tramvaj]
trolleybus (de)	trolejbus (m)	[trolɛjbus]
route (de)	trasa (ž)	[trasa]
nummer (busnummor, enz)	číslo (s)	[tʃi:slo]

rijden met ...	jet	[jɛt]
stappen (in de bus ~)	nastoupit do ...	[nastoupɪt do]
afstappen (ww)	vystoupit z ...	[vɪstoupɪt z]
halte (de)	zastávka (ž)	[zasta:fka]

75

volgende halte (de)	příští zastávka (ž)	[prʃiːʃti zastaːfka]
eindpunt (het)	konečná stanice (ž)	[konɛtʃna: stanɪtsɛ]
dienstregeling (de)	jízdní řád (m)	[jiːzdni: rʒaːt]
wachten (ww)	čekat	[tʃɛkat]

| kaartje (het) | jízdenka (ž) | [jiːzdɛŋka] |
| reiskosten (de) | jízdné (s) | [jiːzdnɛː] |

kassier (de)	pokladník (m)	[pokladniːk]
kaartcontrole (de)	kontrola (ž)	[kontrola]
controleur (de)	revizor (m)	[rɛvɪzor]

te laat zijn (ww)	mít zpoždění	[miːt spoʒdɛni:]
missen (de bus ~)	opozdit se	[opozdɪt sɛ]
zich haasten (ww)	pospíchat	[pospiːxat]

taxi (de)	taxík (m)	[taksiːk]
taxichauffeur (de)	taxikář (m)	[taksɪkaːrʃ]
met de taxi (bw)	taxíkem	[taksiːkɛm]
taxistandplaats (de)	stanoviště (s) taxíků	[stanovɪʃtɛ taksiːku:]
een taxi bestellen	zavolat taxíka	[zavolat taksiːka]
een taxi nemen	vzít taxíka	[vziːt taksiːka]

verkeer (het)	uliční provoz (m)	[ulɪtʃni: provoz]
file (de)	zácpa (ž)	[zaːtspa]
spitsuur (het)	špička (ž)	[ʃpɪtʃka]
parkeren (on.ww.)	parkovat se	[parkovat sɛ]
parkeren (ov.ww.)	parkovat	[parkovat]
parking (de)	parkoviště (s)	[parkovɪʃtɛ]

metro (de)	metro (s)	[mɛtro]
halte (bijv. kleine treinhalte)	stanice (ž)	[stanɪtsɛ]
de metro nemen	jet metrem	[jɛt mɛtrɛm]
trein (de)	vlak (m)	[vlak]
station (treinstation)	nádraží (s)	[naːdraʒi:]

78. Bezienswaardigheden

monument (het)	památka (ž)	[pamaːtka]
vesting (de)	pevnost (ž)	[pɛvnost]
paleis (het)	palác (m)	[palaːts]
kasteel (het)	zámek (m)	[zaːmɛk]
toren (de)	věž (ž)	[vɛʃ]
mausoleum (het)	mauzoleum (s)	[mauzolɛum]

architectuur (de)	architektura (ž)	[arxɪtɛktura]
middeleeuws (bn)	středověký	[strʃɛdoveki:]
oud (bn)	starobylý	[starobɪli:]
nationaal (bn)	národní	[naːrodni:]
bekend (bn)	známý	[znaːmi:]

toerist (de)	turista (m)	[turɪsta]
gids (de)	průvodce (m)	[pruːvodtsɛ]
rondleiding (de)	výlet (m)	[viːlɛt]

| tonen (ww) | ukazovat | [ukazovat] |
| vertellen (ww) | povídat | [povi:dat] |

vinden (ww)	najít	[naji:t]
verdwalen (de weg kwijt zijn)	ztratit se	[stratɪtsɛ]
plattegrond (~ van de metro)	plán (m)	[pla:n]
plattegrond (~ van de stad)	plán (m)	[pla:n]

souvenir (het)	suvenýr (m)	[suvɛni:r]
souvenirwinkel (de)	prodejna (ž) suvenýrů	[prodɛjna suvɛni:ru:]
foto's maken	fotografovat	[fotografovat]
zich laten fotograferen	fotografovat se	[fotografovat sɛ]

79. Winkelen

kopen (ww)	kupovat	[kupovat]
aankoop (de)	nákup (m)	[na:kup]
winkelen (ww)	dělat nákupy	[delat na:kupɪ]
winkelen (het)	nakupování (s)	[nakupova:ni:]

| open zijn (ov. een winkel, enz.) | být otevřen | [bi:t otɛvrʒɛn] |
| gesloten zijn (ww) | být zavřen | [bi:t zavrʒɛn] |

schoeisel (het)	obuv (ž)	[obuf]
kleren (mv.)	oblečení (s)	[oblɛtʃɛni:]
cosmetica (mv.)	kosmetika (ž)	[kosmɛtɪka]
voedingswaren (mv.)	potraviny (ž mn)	[potravɪnɪ]
geschenk (het)	dárek (m)	[da:rɛk]

| verkoper (de) | prodavač (m) | [prodavatʃ] |
| verkoopster (de) | prodavačka (ž) | [prodavatʃka] |

kassa (de)	pokladna (ž)	[pokladna]
spiegel (de)	zrcadlo (s)	[zrtsadlo]
toonbank (de)	pult (m)	[pult]
paskamer (de)	zkušební kabinka (ž)	[skuʃɛbni: kabɪŋka]

aanpassen (ww)	zkusit	[skusɪt]
passen (ov. kleren)	hodit se	[hodɪt sɛ]
bevallen (prettig vinden)	líbit se	[li:bɪt sɛ]

prijs (de)	cena (ž)	[tsɛna]
prijskaartje (het)	cenovka (ž)	[tsɛnofka]
kosten (ww)	stát	[sta:t]
Hoeveel?	Kolik?	[kolɪk]
korting (de)	sleva (ž)	[slɛva]

niet duur (bn)	levný	[lɛvni:]
goedkoop (bn)	levný	[lɛvni·]
duur (bn)	drahý	[drahi:]
Dat is duur.	To je drahé	[to jɛ drahɛ:]
verhuur (de)	půjčování (s)	[pu:jtʃova:ni:]
huren (smoking, enz.)	vypůjčit si	[vɪpu:jtʃɪt sɪ]

| krediet (het) | úvěr (m) | [u:ver] |
| op krediet (bw) | na splátky | [na spla:tkɪ] |

80. Geld

geld (het)	peníze (m mn)	[pɛni:zɛ]
ruil (de)	výměna (ž)	[vi:mnena]
koers (de)	kurz (m)	[kurs]
geldautomaat (de)	bankomat (m)	[baŋkomat]
muntstuk (de)	mince (ž)	[mɪntsɛ]

| dollar (de) | dolar (m) | [dolar] |
| euro (de) | euro (s) | [ɛuro] |

lire (de)	lira (ž)	[lɪra]
Duitse mark (de)	marka (ž)	[marka]
frank (de)	frank (m)	[fraŋk]
pond sterling (het)	libra (ž) šterlinků	[lɪbra ʃtɛrlɪŋku:]
yen (de)	jen (m)	[jɛn]

schuld (geldbedrag)	dluh (m)	[dlux]
schuldenaar (de)	dlužník (m)	[dluʒni:k]
uitlenen (ww)	půjčit	[pu:jtʃɪt]
lenen (geld ~)	půjčit si	[pu:jtʃɪt sɪ]

bank (de)	banka (ž)	[baŋka]
bankrekening (de)	účet (m)	[u:tʃɛt]
op rekening storten	uložit na účet	[uloʒɪt na u:tʃɛt]
opnemen (ww)	vybrat z účtu	[vɪbrat s u:tʃtu]

kredietkaart (de)	kreditní karta (ž)	[krɛdɪtni: karta]
baar geld (het)	hotové peníze (m mn)	[hotovɛ: pɛni:zɛ]
cheque (de)	šek (m)	[ʃɛk]
een cheque uitschrijven	vystavit šek	[vɪstavɪt ʃɛk]
chequeboekje (het)	šeková knížka (ž)	[ʃɛkova: kni:ʃka]

portefeuille (de)	náprsní taška (ž)	[na:prsni: taʃka]
geldbeugel (de)	peněženka (ž)	[pɛneʒeŋka]
safe (de)	trezor (m)	[trɛzor]

erfgenaam (de)	dědic (m)	[dedɪts]
erfenis (de)	dědictví (s)	[dedɪtstvi:]
fortuin (het)	majetek (m)	[majɛtɛk]

huur (de)	nájem (m)	[na:jɛm]
huurprijs (de)	činže (ž)	[tʃɪnʒe]
huren (huis, kamer)	pronajímat si	[pronaji:mat sɪ]

prijs (de)	cena (ž)	[tsɛna]
kostprijs (de)	cena (ž)	[tsɛna]
som (de)	částka (ž)	[tʃa:stka]

| uitgeven (geld besteden) | utrácet | [utra:tsɛt] |
| kosten (mv.) | náklady (m mn) | [na:kladɪ] |

| bezuinigen (ww) | šetřit | [ʃɛtr̝ɪt] |
| zuinig (bn) | úsporný | [uːsporniː] |

betalen (ww)	platit	[platɪt]
betaling (de)	platba (ž)	[platba]
wisselgeld (het)	peníze (m mn) nazpět	[pɛniːzɛ naspet]

belasting (de)	daň (ž)	[danʲ]
boete (de)	pokuta (ž)	[pokuta]
beboeten (bekeuren)	pokutovat	[pokutovat]

81. Post. Postkantoor

postkantoor (het)	pošta (ž)	[poʃta]
post (de)	pošta (ž)	[poʃta]
postbode (de)	listonoš (m)	[lɪstonoʃ]
openingsuren (mv.)	pracovní doba (ž)	[pratsovniː doba]

brief (de)	dopis (m)	[dopɪs]
aangetekende brief (de)	doporučený dopis (m)	[doporutʃɛniː dopɪs]
briefkaart (de)	pohlednice (ž)	[pohlɛdnɪtsɛ]
telegram (het)	telegram (m)	[tɛlɛgram]
postpakket (het)	balík (m)	[baliːk]
overschrijving (de)	peněžní poukázka (ž)	[pɛneʒniː poukaːska]

ontvangen (ww)	dostat	[dostat]
sturen (zenden)	odeslat	[odɛslat]
verzending (de)	odeslání (s)	[odɛslaːniː]

adres (het)	adresa (ž)	[adrɛsa]
postcode (de)	poštovní směrovací číslo (s)	[poʃtovniː smnerovatsiː tʃiːslo]
verzender (de)	odesílatel (m)	[odɛsiːlatɛl]
ontvanger (de)	příjemce (m)	[prʃiːjɛmtsɛ]

| naam (de) | jméno (s) | [jmɛːno] |
| achternaam (de) | příjmení (s) | [prʃiːjmɛniː] |

tarief (het)	tarif (m)	[tarɪf]
standaard (bn)	obyčejný	[obɪtʃɛjniː]
zuinig (bn)	zlevněný	[zlɛvneniː]

gewicht (het)	váha (ž)	[vaːha]
atwegen (op de weegschaal)	vážit	[vaːʒɪt]
envelop (de)	obálka (ž)	[obaːlka]
postzegel (de)	známka (ž)	[znaːmka]
een postzegel plakken op	nalepovat známku	[nalɛpovat znaːmku]

Woning. Huis. Thuis

82. Huis. Woning

huis (het)	dům (m)	[du:m]
thuis (bw)	doma	[doma]
cour (de)	dvůr (m)	[dvu:r]
omheining (de)	ohrada (ž)	[ohrada]

baksteen (de)	cihla (ž)	[ʦɪhla]
van bakstenen	cihlový	[ʦɪhlovi:]
steen (de)	kámen (m)	[ka:mɛn]
stenen (bn)	kamenný	[kamɛnni:]
beton (het)	beton (m)	[bɛton]
van beton	betonový	[bɛtonovi:]

nieuw (bn)	nový	[novi:]
oud (bn)	starý	[stari:]
vervallen (bn)	sešlý	[sɛʃli:]
modern (bn)	moderní	[modɛrni:]
met veel verdiepingen	vícepatrový	[vi:ʦɛpatrovi:]
hoog (bn)	vysoký	[vɪsoki:]

verdieping (de)	poschodí (s)	[posxodi:]
met een verdieping	přizemní	[prʃɪzɛmni:]

laagste verdieping (de)	dolní podlaží (s)	[dolni: podlaʒi:]
bovenverdieping (de)	horní podlaží (s)	[horni: podlaʒi:]

dak (het)	střecha (ž)	[strʃɛxa]
schoorsteen (de)	komín (m)	[komi:n]

dakpan (de)	taška (ž)	[taʃka]
pannen- (abn)	taškový	[taʃkovi:]
zolder (de)	půda (ž)	[pu:da]

venster (het)	okno (s)	[okno]
glas (het)	sklo (s)	[sklo]

vensterbank (de)	parapet (m)	[parapɛt]
luiken (mv.)	okenice (ž mn)	[okɛnɪʦɛ]

muur (de)	stěna (ž)	[stena]
balkon (het)	balkón (m)	[balko:n]
regenpijp (de)	okapová roura (ž)	[okapova: roura]

boven (bw)	nahoře	[nahorʒɛ]
naar boven gaan (ww)	vystupovat	[vɪstupovat]
afdalen (on.ww.)	jít dolů	[ji:t dolu:]
verhuizen (ww)	stěhovat se	[stehovat sɛ]

83. Huis. Ingang. Lift

ingang (de)	vchod (m)	[vxot]
trap (de)	schodiště (s)	[sxodɪʃte]
treden (mv.)	schody (m mn)	[sxodɪ]
trapleuning (de)	zábradlí (s)	[za:bradli:]
hal (de)	hala (ž)	[hala]

postbus (de)	poštovní schránka (ž)	[poʃtovni: sxra:ŋka]
vuilnisbak (de)	popelnice (ž)	[popɛlnɪtsɛ]
vuilniskoker (de)	šachta (ž) na odpadky	[ʃaxta na otpatkɪ]

lift (de)	výtah (m)	[vi:tax]
goederenlift (de)	nákladní výtah (m)	[na:kladni: vi:tax]
liftcabine (de)	kabina (ž)	[kabɪna]
de lift nemen	jet výtahem	[jɛt vi:tahɛm]

appartement (het)	byt (m)	[bɪt]
bewoners (mv.)	nájemníci (m)	[na:jɛmni:tsɪ]
buurman (de)	soused (m)	[sousɛt]
buurvrouw (de)	sousedka (ž)	[sousɛtka]
buren (mv.)	sousedé (m mn)	[sousɛdɛ:]

84. Huis. Deuren. Sloten

deur (de)	dveře (ž mn)	[dvɛrʒɛ]
toegangspoort (de)	vrata (s mn)	[vrata]
deurkruk (de)	klika (ž)	[klɪka]
ontsluiten (ontgrendelen)	odemknout	[odɛmknout]
openen (ww)	otvírat	[otvi:rat]
sluiten (ww)	zavírat	[zavi:rat]

sleutel (de)	klíč (m)	[kli:tʃ]
sleutelbos (de)	svazek (m)	[svazɛk]

knarsen (bijv. scharnier)	vrzat	[vrzat]
knarsgeluid (het)	vrzání (s)	[vrza:ni:]
scharnier (het)	závěs (m)	[za:ves]
deurmat (de)	kobereček (m)	[kobɛrɛtʃɛk]

slot (het)	zámek (m)	[za:mɛk]
sleutelgat (het)	klíčová dírka (ž)	[kli:tʃova: di:rka]
grendel (de)	závora (ž)	[za:vora]
schuif (de)	zástrčka (ž)	[za:strtʃka]
hangslot (het)	visací zámek (m)	[vɪsatsi: za:mɛk]

aanbellen (ww)	zvonit	[zvonɪt]
bel (geluid)	zvonění (s)	[zvoneni:]
deurbel (de)	zvonek (m)	[zvonɛk]

belknop (de)	knoflík (m)	[knofli:k]
geklop (het)	klepání (s)	[klɛpa:ni:]
kloppen (ww)	klepat	[klɛpat]

code (de)	kód (m)	[ko:t]
cijferslot (het)	kódový zámek (m)	[ko:dovi: za:mɛk]
parlofoon (de)	domácí telefon (m)	[doma:tsi: tɛlɛfon]
nummer (het)	číslo (s)	[tʃi:slo]
naambordje (het)	štítek (m)	[ʃtitɛk]
deurspion (de)	kukátko (s)	[kuka:tko]

85. Huis op het platteland

dorp (het)	venkov (m)	[vɛŋkof]
moestuin (de)	zelinářská zahrada (ž)	[zɛlɪna:rʃska: zahrada]
hek (het)	plot (m)	[plot]
houten hekwerk (het)	pletený plot (m)	[plɛtɛni: plot]
tuinpoortje (het)	vrátka (s mn)	[vra:tka]

graanschuur (de)	sýpka (ž)	[si:pka]
wortelkelder (de)	sklep (m)	[sklɛp]
schuur (de)	kůlna (ž)	[ku:lna]
waterput (de)	studna (ž)	[studna]

kachel (de)	kamna (s mn)	[kamna]
de kachel stoken	topit	[topɪt]
brandhout (het)	dříví (s)	[drʒi:vi:]
houtblok (het)	poleno (s)	[polɛno]

veranda (de)	veranda (ž)	[vɛranda]
terras (het)	terasa (ž)	[tɛrasa]
bordes (het)	schody (m mn) před vchodem	[sxodɪ prʃɛd vxodɛm]
schommel (de)	houpačky (ž mn)	[houpatʃkɪ]

86. Kasteel. Paleis

kasteel (het)	zámek (m)	[za:mɛk]
paleis (het)	palác (m)	[pala:ts]
vesting (de)	pevnost (ž)	[pɛvnost]

ringmuur (de)	zeď (ž)	[zɛtʲ]
toren (de)	věž (ž)	[vɛʃ]
donjon (de)	hlavní věž (ž)	[hlavni: vɛʃ]

valhek (het)	zvedací vrata (s mn)	[zvɛdatsi: vrata]
onderaardse gang (de)	podzemní chodba (ž)	[podzɛmni: xodba]
slotgracht (de)	příkop (m)	[prʃi:kop]

| ketting (de) | řetěz (m) | [rʒɛtez] |
| schietgat (het) | střílna (ž) | [strʃi:lna] |

| prachtig (bn) | velkolepý | [vɛlkolɛpi:] |
| majestueus (bn) | majestátní | [majɛsta:tni:] |

| onneembaar (bn) | nedobytný | [nɛdobɪtni:] |
| middeleeuws (bn) | středověký | [strʃɛdoveki:] |

87. Appartement

appartement (het)	byt (m)	[bɪt]
kamer (de)	pokoj (m)	[pokoj]
slaapkamer (de)	ložnice (ž)	[loʒnɪtsɛ]
eetkamer (de)	jídelna (ž)	[ji:dɛlna]
salon (de)	přijímací pokoj (m)	[prʃɪji:matsi: pokoj]
studeerkamer (de)	pracovna (ž)	[pratsovna]
gang (de)	předsíň (ž)	[prʃɛtsi:nʲ]
badkamer (de)	koupelna (ž)	[koupɛlna]
toilet (het)	záchod (m)	[za:xot]
plafond (het)	strop (m)	[strop]
vloer (de)	podlaha (ž)	[podlaha]
hoek (de)	kout (m)	[kout]

88. Appartement. Schoonmaken

schoonmaken (ww)	uklízet	[ukli:zɛt]
opbergen (in de kast, enz.)	odklízet	[otkli:zɛt]
stof (het)	prach (m)	[prax]
stoffig (bn)	zaprášený	[zapra:ʃɛni:]
stoffen (ww)	utírat prach	[uti:rat prax]
stofzuiger (de)	vysavač (m)	[vɪsavatʃ]
stofzuigen (ww)	vysávat	[vɪsa:vat]
vegen (de vloer ~)	zametat	[zamɛtat]
veegsel (het)	smetí (s)	[smɛti:]
orde (de)	pořádek (m)	[porʒa:dɛk]
wanorde (de)	nepořádek (m)	[nɛporʒa:dɛk]
zwabber (de)	mop (m)	[mop]
poetsdoek (de)	hadr (m)	[hadr]
veger (de)	koště (s)	[koʃtɛ]
stofblik (het)	lopatka (ž) na smetí	[lopatka na smɛti:]

89. Meubels. Interieur

meubels (mv.)	nábytek (m)	[naˑbɪtɛk]
tafel (de)	stůl (m)	[stu:l]
stoel (de)	židle (ž)	[ʒɪdlɛ]
bed (het)	lůžko (s)	[lu:ʃko]
bankstel (het)	pohovka (ž)	[pohofka]
fauteuil (de)	křeslo (s)	[krʃɛslo]
boekenkast (de)	knihovna (ž)	[knɪhovna]
boekenrek (het)	police (ž)	[polɪtsɛ]
kledingkast (de)	skříň (ž)	[skrʃi:nʲ]
kapstok (de)	předsíňový věšák (m)	[prʃɛdsi:novi: veʃa:k]

83

staande kapstok (de)	stojanový věšák (m)	[stojanovi: veʃa:k]
commode (de)	prádelník (m)	[pra:dɛlni:k]
salontafeltje (het)	konferenční stolek (m)	[konfɛrɛntʃni: stolɛk]

spiegel (de)	zrcadlo (s)	[zrʦadlo]
tapijt (het)	koberec (m)	[kobɛrɛʦ]
tapijtje (het)	kobereček (m)	[kobɛrɛtʃɛk]

haard (de)	krb (m)	[krp]
kaars (de)	svíce (ž)	[svi:ʦɛ]
kandelaar (de)	svícen (m)	[svi:ʦɛn]

gordijnen (mv.)	záclony (ž mn)	[za:ʦlonɪ]
behang (het)	tapety (ž mn)	[tapɛtɪ]
jaloezie (de)	žaluzie (ž)	[ʒaluzɪe]

bureaulamp (de)	stolní lampa (ž)	[stolni: lampa]
wandlamp (de)	svítidlo (s)	[svi:tɪdlo]
staande lamp (de)	stojací lampa (ž)	[stojaʦi: lampa]
luchter (de)	lustr (m)	[lustr]

poot (ov. een tafel, enz.)	noha (ž)	[noha]
armleuning (de)	područka (ž)	[podruʧka]
rugleuning (de)	opěradlo (s)	[operadlo]
la (de)	zásuvka (ž)	[za:sufka]

90. Beddengoed

beddengoed (het)	ložní prádlo (s)	[loʒni: pra:dlo]
kussen (het)	polštář (m)	[polʃta:rʃ]
kussenovertrek (de)	povlak (m) na polštář	[povlak na polʃta:rʒ]
deken (de)	deka (ž)	[dɛka]
laken (het)	prostěradlo (s)	[prosteradlo]
sprei (de)	přikrývka (ž)	[prʃɪkri:fka]

91. Keuken

keuken (de)	kuchyně (ž)	[kuxɪne]
gas (het)	plyn (m)	[plɪn]
gasfornuis (het)	plynový sporák (m)	[plɪnovi: spora:k]
elektrisch fornuis (het)	elektrický sporák (m)	[ɛlɛktrɪtski: spora:k]
oven (de)	trouba (ž)	[trouba]
magnetronoven (de)	mikrovlnná pec (ž)	[mɪkrovlnna: pɛʦ]

koelkast (de)	lednička (ž)	[lɛdnɪʧka]
diepvriezer (de)	mrazicí komora (ž)	[mrazɪʦi: komora]
vaatwasmachine (de)	myčka (ž) nádobí	[mɪʧka na:dobi:]

vleesmolen (de)	mlýnek (m) na maso	[mli:nɛk na maso]
vruchtenpers (de)	odšťavňovač (m)	[otʃtʲavnʲovatʃ]
toaster (de)	opékač (m) topinek	[opɛ:katʃ topɪnɛk]
mixer (de)	mixér (m)	[mɪksɛ:r]

koffiemachine (de)	kávovar (m)	[ka:vovar]
koffiepot (de)	konvice (ž) na kávu	[konvɪtsɛ na ka:vu]
koffiemolen (de)	mlýnek (m) na kávu	[mli:nɛk na ka:vu]

fluitketel (de)	čajník (m)	[tʃajni:k]
theepot (de)	čajová konvice (ž)	[tʃajova: konvɪtsɛ]
deksel (de/het)	poklička (ž)	[poklɪtʃka]
theezeefje (het)	cedítko (s)	[tsɛdi:tko]

lepel (de)	lžíce (ž)	[ʒi:tsɛ]
theelepeltje (het)	kávová lžička (ž)	[ka:vova: ʒɪtʃka]
eetlepel (de)	polévková lžíce (ž)	[polɛ:fkova: ʒi:tsɛ]
vork (de)	vidlička (ž)	[vɪdlɪtʃka]
mes (het)	nůž (m)	[nu:ʃ]

vaatwerk (het)	nádobí (s)	[na:dobi:]
bord (het)	talíř (m)	[tali:rʃ]
schoteltje (het)	talířek (m)	[tali:rʒɛk]

likeurglas (het)	sklenička (ž)	[sklɛnɪtʃka]
glas (het)	sklenice (ž)	[sklɛnɪtsɛ]
kopje (het)	šálek (m)	[ʃa:lɛk]

suikerpot (de)	cukřenka (ž)	[tsukrʃɛŋka]
zoutvat (het)	solnička (ž)	[solnɪtʃka]
pepervat (het)	pepřenka (ž)	[pɛprʃɛŋka]
boterschaaltje (het)	nádobka (ž) na máslo	[na:dopka na ma:slo]

pan (de)	hrnec (m)	[hrnɛts]
bakpan (de)	pánev (ž)	[pa:nɛf]
pollepel (de)	naběračka (ž)	[naberatʃka]
vergiet (de/het)	cedník (m)	[tsɛdni:k]
dienblad (het)	podnos (m)	[podnos]

fles (de)	láhev (ž)	[la:hɛf]
glazen pot (de)	sklenice (ž)	[sklɛnɪtsɛ]
blik (conserven~)	plechovka (ž)	[plɛxofka]

flesopener (de)	otvírač (m) lahví	[otvi:ratʃ lahvi:]
blikopener (de)	otvírač (m) konzerv	[otvi:ratʃ konzɛrf]
kurkentrekker (de)	vývrtka (ž)	[vi:vrtka]
filter (de/het)	filtr (m)	[fɪltr]
filteren (ww)	filtrovat	[fɪltrovat]

| huisvuil (het) | odpadky (m mn) | [otpatki:] |
| vuilnisemmer (de) | kbelík (m) na odpadky | [gbɛli:k na otpatkɪ] |

92. Badkamer

badkamer (de)	koupelna (ž)	[koupɛlna]
water (het)	voda (ž)	[voda]
kraan (de)	kohout (m)	[kohout]
warm water (het)	teplá voda (ž)	[tɛpla: voda]
koud water (het)	studená voda (ž)	[studɛna: voda]

| tandpasta (de) | zubní pasta (ž) | [zubni: pasta] |
| tanden poetsen (ww) | čistit si zuby | [tʃɪstɪt sɪ zubɪ] |

zich scheren (ww)	holit se	[holɪt sɛ]
scheercrème (de)	pěna (ž) na holení	[pena na holɛni:]
scheermes (het)	holicí strojek (m)	[holɪtsi: strojɛk]

wassen (ww)	mýt	[mi:t]
een bad nemen	mýt se	[mi:t sɛ]
douche (de)	sprcha (ž)	[sprxa]
een douche nemen	sprchovat se	[sprxovat sɛ]

bad (het)	vana (ž)	[vana]
toiletpot (de)	záchodová mísa (ž)	[za:xodova: mi:sa]
wastafel (de)	umývadlo (s)	[umi:vadlo]

| zeep (de) | mýdlo (m) | [mi:dlo] |
| zeepbakje (het) | miska (ž) na mýdlo | [mɪska na mi:dlo] |

spons (de)	mycí houba (ž)	[mɪtsi: houba]
shampoo (de)	šampon (m)	[ʃampon]
handdoek (de)	ručník (m)	[rutʃni:k]
badjas (de)	župan (m)	[ʒupan]

was (bijv. handwas)	praní (s)	[prani:]
wasmachine (de)	pračka (ž)	[pratʃka]
de was doen	prát	[pra:t]
waspoeder (de)	prací prášek (m)	[pratsi: pra:ʃɛk]

93. Huishoudelijke apparaten

televisie (de)	televizor (m)	[tɛlɛvɪzor]
cassettespeler (de)	magnetofon (m)	[magnɛtofon]
videorecorder (de)	videomagnetofon (m)	[vɪdɛomagnɛtofon]
radio (de)	přijímač (m)	[prʃɪji:matʃ]
speler (de)	přehrávač (m)	[prʃɛhra:vatʃ]

videoprojector (de)	projektor (m)	[projɛktor]
home theater systeem (het)	domácí biograf (m)	[doma:tsi: bɪograf]
DVD-speler (de)	DVD přehrávač (m)	[dɛvɛdɛ prʃɛhra:vatʃ]
versterker (de)	zesilovač (m)	[zɛsɪlovatʃ]
spelconsole (de)	hrací přístroj (m)	[hratsi: prʃi:stroj]

videocamera (de)	videokamera (ž)	[vɪdɛokamɛra]
fotocamera (de)	fotoaparát (m)	[fotoapara:t]
digitale camera (de)	digitální fotoaparát (m)	[dɪgɪta:lni: fotoapara:t]

stofzuiger (de)	vysavač (m)	[vɪsavatʃ]
strijkijzer (het)	žehlička (ž)	[ʒehlɪtʃka]
strijkplank (de)	žehlicí prkno (s)	[ʒehlɪtsi: prkno]

telefoon (de)	telefon (m)	[tɛlɛfon]
mobieltje (het)	mobilní telefon (m)	[mobɪlni: tɛlɛfon]
schrijfmachine (de)	psací stroj (m)	[psatsi: stroj]

naaimachine (de)	šicí stroj (m)	[ʃɪtsi: stroj]
microfoon (de)	mikrofon (m)	[mɪkrofon]
koptelefoon (de)	sluchátka (s mn)	[sluxa:tka]
afstandsbediening (de)	ovládač (m)	[ovla:datʃ]

CD (de)	CD disk (m)	[tsɛ:dɛ: dɪsk]
cassette (de)	kazeta (ž)	[kazɛta]
vinylplaat (de)	deska (ž)	[dɛska]

94. Reparaties. Renovatie

renovatie (de)	oprava (ž)	[oprava]
renoveren (ww)	dělat opravu	[delat opravu]
repareren (ww)	opravovat	[opravovat]
op orde brengen	dávat do pořádku	[da:vat do porʒa:tku]
overdoen (ww)	předělávat	[prʃɛdela:vat]

verf (de)	barva (ž)	[barva]
verven (muur ~)	natírat	[nati:rat]
schilder (de)	malíř (m) pokojů	[mali:rʃ pokoju:]
kwast (de)	štětec (m)	[ʃtetɛts]

| kalk (de) | omítka (ž) | [omi:tka] |
| kalken (ww) | bílit | [bi:lɪt] |

behang (het)	tapety (ž mn)	[tapɛtɪ]
behangen (ww)	vytapetovat	[vɪtapɛtovat]
lak (de/het)	lak (m)	[lak]
lakken (ww)	lakovat	[lakovat]

95. Loodgieterswerk

water (het)	voda (ž)	[voda]
warm water (het)	teplá voda (ž)	[tɛpla: voda]
koud water (het)	studená voda (ž)	[studɛna: voda]
kraan (de)	kohout (m)	[kohout]

druppel (de)	kapka (ž)	[kapka]
druppelen (ww)	kapat	[kapat]
lekken (een lek hebben)	téci	[tɛ:tsɪ]
lekkage (de)	tečení (s)	[tɛtʃɛni:]
plasje (het)	louže (ž)	[louʒe]

buis, leiding (de)	trubka (ž)	[trupka]
stopkraan (de)	ventil (m)	[vɛntɪl]
verstopt raken (ww)	zacpat se	[zatspat sɛ]

gereedschap (het)	nástroje (m mn)	[nastrojɛ]
Engelse sleutel (de)	stavitelný klíč (m)	[stavɪtɛlni: kli:tʃ]
losschroeven (ww)	ukroutit	[ukroutɪt]
aanschroeven (ww)	zakroutit	[zakroutɪt]
ontstoppen (riool, enz.)	pročišťovat	[protʃɪʃtʲovat]

87

loodgieter (de)	instalatér (m)	[ɪnstalatɛ:r]
kelder (de)	sklep (m)	[sklɛp]
riolering (de)	kanalizace (ž)	[kanalɪzatsɛ]

96. Brand. Vuurzee

brand (de)	oheň (m)	[ohɛnʲ]
vlam (de)	plamen (m)	[plamɛn]
vonk (de)	jiskra (ž)	[jɪskra]
rook (de)	kouř (m)	[kourʃ]
fakkel (de)	pochodeň (ž)	[poxodɛnʲ]
kampvuur (het)	oheň (m)	[ohɛnʲ]

benzine (de)	benzín (m)	[bɛnzi:n]
kerosine (de)	petrolej (m)	[pɛtrolɛj]
brandbaar (bn)	hořlavý	[horʒlavi:]
ontplofbaar (bn)	výbušný	[vi:buʃni:]
VERBODEN TE ROKEN!	ZÁKAZ KOUŘENÍ	[za:kaz kourʒɛni:]

veiligheid (de)	bezpečnost (ž)	[bɛzpɛtʃnost]
gevaar (het)	nebezpečí (s)	[nɛbɛzpɛtʃi:]
gevaarlijk (bn)	nebezpečný	[nɛbɛzpɛtʃni:]

in brand vliegen (ww)	začít hořet	[zatʃi:t horʒɛt]
explosie (de)	výbuch (m)	[vi:bux]
in brand steken (ww)	zapálit	[zapa:lɪt]
brandstichter (de)	žhář (m)	[ʒha:rʃ]
brandstichting (de)	žhářství (s)	[ʒha:rʃstvi:]

vlammen (ww)	planout	[planout]
branden (ww)	hořet	[horʒɛt]
afbranden (ww)	shořet	[sxorʒɛt]

brandweerman (de)	hasič (m)	[hasɪtʃ]
brandweerwagen (de)	hasičské auto (m)	[hasɪtʃske: auto]
brandweer (de)	hasičský sbor (m)	[hasɪtʃski: zbor]
uitschuifbare ladder (de)	požární žebřík (m)	[poʒa:rni: ʒebrʒi:k]

brandslang (de)	hadice (ž)	[hadɪtsɛ]
brandblusser (de)	hasicí přístroj (m)	[hasɪtsi: prʃi:stroj]
helm (de)	přilba (ž)	[prʃɪlba]
sirene (de)	houkačka (ž)	[houkatʃka]

roepen (ww)	křičet	[krʃɪtʃɛt]
hulp roepen	volat o pomoc	[volat o pomots]
redder (de)	záchranář (m)	[za:xrana:rʃ]
redden (ww)	zachraňovat	[zaxranʲovat]

aankomen (per auto, enz.)	přijet	[prʃɪjɛt]
blussen (ww)	hasit	[hasɪt]
water (het)	voda (ž)	[voda]
zand (het)	písek (m)	[pi:sɛk]
ruïnes (mv.)	zřícenina (ž)	[zrʒi:tsɛnɪna]
instorten (gebouw, enz.)	zřítit se	[zrʒi:tɪt sɛ]

| ineenstorten (ww) | zhroutit se | [zhroutɪt sɛ] |
| inzakken (ww) | zřítit se | [zrʒi:tɪt sɛ] |

| brokstuk (het) | úlomek (m) | [u:lomɛk] |
| as (de) | popel (m) | [popɛl] |

| verstikken (ww) | udusit se | [udusɪt sɛ] |
| omkomen (ww) | zahynout | [zahɪnout] |

MENSELIJKE ACTIVITEITEN

Baan. Business. Deel 1

97. Bankieren

bank (de)	banka (ž)	[baŋka]
bankfiliaal (het)	pobočka (ž)	[pobotʃka]
bankbediende (de)	konzultant (m)	[konzultant]
manager (de)	správce (m)	[spraːvtsɛ]
bankrekening (de)	účet (m)	[uːtʃet]
rekeningnummer (het)	číslo (s) účtu	[tʃiːslo uːtʃtu]
lopende rekening (de)	běžný účet (m)	[beʒni uːtʃet]
spaarrekening (de)	spořitelní účet (m)	[sporʒitɛlni uːtʃet]
een rekening openen	založit účet	[zaloʒit uːtʃet]
de rekening sluiten	uzavřít účet	[uzavrʒiːt uːtʃet]
op rekening storten	uložit na účet	[uloʒit na uːtʃet]
opnemen (ww)	vybrat z účtu	[vibrat s uːtʃtu]
storting (de)	vklad (m)	[fklat]
een storting maken	uložit vklad	[uloʒit fklat]
overschrijving (de)	převod (m)	[prʃevot]
een overschrijving maken	převést	[prʃevɛːst]
som (de)	částka (ž)	[tʃaːstka]
Hoeveel?	Kolik?	[kolɪk]
handtekening (de)	podpis (m)	[potpɪs]
ondertekenen (ww)	podepsat	[podɛpsat]
kredietkaart (de)	kreditní karta (ž)	[krɛdɪtniː karta]
code (de)	kód (m)	[koːt]
kredietkaartnummer (het)	číslo (s) kreditní karty	[tʃiːslo krɛdɪtniː kartɪ]
geldautomaat (de)	bankomat (m)	[baŋkomat]
cheque (de)	šek (m)	[ʃɛk]
een cheque uitschrijven	vystavit šek	[vɪstavɪt ʃɛk]
chequeboekje (het)	šeková knížka (ž)	[ʃɛkova kniːʃka]
lening, krediet (de)	úvěr (m)	[uːver]
een lening aanvragen	žádat o úvěr	[ʒaːdat o uːver]
een lening nemen	brát na úvěr	[braːt na uːver]
een lening verlenen	poskytovat úvěr	[poskɪtovat uːver]
garantie (de)	kauce (ž)	[kautsɛ]

98. Telefoon. Telefoongesprek

telefoon (de)	telefon (m)	[tɛlɛfon]
mobieltje (het)	mobilní telefon (m)	[mobɪlni: tɛlɛfon]
antwoordapparaat (het)	záznamník (m)	[za:znamni:k]
bellen (ww)	volat	[volat]
belletje (telefoontje)	hovor (m), volání (s)	[hovor], [vola:ni:]
een nummer draaien	vytočit číslo	[vɪtotʃɪt tʃi:slo]
Hallo!	Prosím!	[prosi:m]
vragen (ww)	zeptat se	[zɛptat sɛ]
antwoorden (ww)	odpovědět	[otpovedet]
horen (ww)	slyšet	[slɪʃɛt]
goed (bw)	dobře	[dobrʒɛ]
slecht (bw)	špatně	[ʃpatne]
storingen (mv.)	poruchy (ž mn)	[poruxɪ]
hoorn (de)	sluchátko (s)	[sluxa:tko]
opnemen (ww)	vzít sluchátko	[vzi:t sluxa:tko]
ophangen (ww)	zavěsit sluchátko	[zavesɪt sluxa:tko]
bezet (bn)	obsazeno	[opsazɛno]
overgaan (ww)	zvonit	[zvonɪt]
telefoonboek (het)	telefonní seznam (m)	[tɛlɛfonni: sɛznam]
lokaal (bn)	místní	[mi:stni:]
interlokaal (bn)	dálkový	[da:lkovi:]
buitenlands (bn)	mezinárodní	[mɛzɪna:rodni:]

99. Mobiele telefoon

mobieltje (het)	mobilní telefon (m)	[mobɪlni: tɛlɛfon]
scherm (het)	displej (m)	[dɪsplɛj]
toets, knop (de)	tlačítko (s)	[tlatʃi:tko]
simkaart (de)	SIM karta (ž)	[sɪm karta]
batterij (de)	baterie (ž)	[batɛrɪe]
leeg zijn (ww)	vybít se	[vɪbi:t sɛ]
acculader (de)	nabíječka (ž)	[nabi:jɛtʃka]
menu (het)	nabídka (ž)	[nabi:tka]
instellingen (mv.)	nastavení (s)	[nastavɛni:]
melodie (beltoon)	melodie (ž)	[mɛlodɪe]
selecteren (ww)	vybrat	[vɪbrat]
rekenmachine (de)	kalkulačka (ž)	[kalkulatʃka]
voicemail (de)	hlasová schránka (ž)	[hlasova: sxra:ŋka]
wekker (de)	budík (m)	[budi:k]
contacten (mv.)	telefonní seznam (m)	[tɛlɛfonni: sɛznam]
SMS-bericht (het)	SMS zpráva (ž)	[ɛsɛmɛs spra:va]
abonnee (de)	účastník (m)	[u:tʃastni:k]

100. Schrijfbehoeften

balpen (de)	pero (s)	[pɛro]
vulpen (de)	plnicí pero (s)	[plnɪtsi: pɛro]
potlood (het)	tužka (ž)	[tuʃka]
marker (de)	značkovač (m)	[znatʃkovatʃ]
viltstift (de)	fix (m)	[fɪks]
notitieboekje (het)	notes (m)	[notɛs]
agenda (boekje)	diář (m)	[dɪa:rʃ]
liniaal (de/het)	pravítko (s)	[pravi:tko]
rekenmachine (de)	kalkulačka (ž)	[kalkulatʃka]
gom (de)	guma (ž)	[guma]
punaise (de)	napínáček (m)	[napi:na:tʃɛk]
paperclip (de)	svorka (ž)	[svorka]
lijm (de)	lepidlo (s)	[lɛpɪdlo]
nietmachine (de)	sešívačka (ž)	[sɛʃi:vatʃka]
perforator (de)	dírkovačka (ž)	[di:rkovatʃka]
potloodslijper (de)	ořezávátko (s)	[orʒɛza:va:tko]

Baan. Business. Deel 2

101. Massamedia

krant (de)	noviny (ž mn)	[novɪnɪ]
tijdschrift (het)	časopis (m)	[ʧasopɪs]
pers (gedrukte media)	tisk (m)	[tɪsk]
radio (de)	rozhlas (m)	[rozhlas]
radiostation (het)	rozhlasová stanice (ž)	[rozhlasova: stanɪʦɛ]
televisie (de)	televize (ž)	[tɛlɛvɪzɛ]

presentator (de)	moderátor (m)	[modɛra:tor]
nieuwslezer (de)	hlasatel (m)	[hlasatɛl]
commentator (de)	komentátor (m)	[komɛnta:tor]

journalist (de)	novinář (m)	[novɪna:rʃ]
correspondent (de)	zpravodaj (m)	[spravodaj]
fotocorrespondent (de)	fotožurnalista (m)	[fotoʒurnalɪsta]
reporter (de)	reportér (m)	[rɛportɛ:r]

redacteur (de)	redaktor (m)	[rɛdaktor]
chef-redacteur (de)	šéfredaktor (m)	[ʃɛ:frɛdaktor]

zich abonneren op	předplatit si	[prʃɛtplatɪt sɪ]
abonnement (het)	předplacení (s)	[prʃɛtplaʦɛni:]
abonnee (de)	předplatitel (m)	[prʃɛtplatɪtɛl]
lezen (ww)	číst	[ʧi:st]
lezer (de)	čtenář (m)	[ʧtɛna:rʃ]

oplage (de)	náklad (m)	[na:klat]
maand-, maandelijks (bn)	měsíční	[mnesi:ʧni:]
wekelijks (bn)	týdenní	[ti:dɛnni:]
nummer (het)	číslo (s)	[ʧi:slo]
vers (~ van de pers)	čerstvý	[ʧɛrstvi:]

kop (de)	titulek (m)	[tɪtulɛk]
korte artikel (het)	noticka (ž)	[notɪʦka]
rubriek (de)	rubrika (ž)	[rubrɪka]
artikel (het)	článek (m)	[ʧla:nɛk]
pagina (de)	stránka (ž)	[stra:ŋka]

reportage (de)	reportáž (ž)	[rɛporta:ʃ]
gebeurtenis (de)	událost (ž)	[uda:lost]
sensatie (de)	senzace (ž)	[sɛnzaʦɛ]
schandaal (het)	skandál (m)	[skanda:l]
schandalig (bn)	skandální	[skanda:lni:]
groot (~ schandaal, enz.)	halasný	[halasni:]

programma (het)	pořad (m)	[porʒat]
interview (het)	rozhovor (m)	[rozhovor]

| live uitzending (de) | přímý přenos (m) | [prʃi:mi: prʃɛnos] |
| kanaal (het) | kanál (m) | [kana:l] |

102. Landbouw

landbouw (de)	zemědělství (s)	[zɛmnedelstvi:]
boer (de)	rolník (m)	[rolni:k]
boerin (de)	rolnice (ž)	[rolnɪtsɛ]
landbouwer (de)	farmář (m)	[farma:rʃ]

| tractor (de) | traktor (m) | [traktor] |
| maaidorser (de) | kombajn (m) | [kombajn] |

ploeg (de)	pluh (m)	[plux]
ploegen (ww)	orat	[orat]
akkerland (het)	ornice (ž)	[ornɪtsɛ]
voor (de)	brázda (ž)	[bra:zda]

zaaien (ww)	sít	[si:t]
zaaimachine (de)	sečka (ž)	[sɛtʃka]
zaaien (het)	setí (s)	[sɛti:]

| zeis (de) | kosa (ž) | [kosa] |
| maaien (ww) | kosit | [kosɪt] |

| schop (de) | lopata (ž) | [lopata] |
| spitten (ww) | rýt | [ri:t] |

schoffel (de)	motyka (ž)	[motɪka]
wieden (ww)	plít	[pli:t]
onkruid (het)	plevel (m)	[plɛvɛl]

gieter (de)	konev (ž)	[konɛf]
begieten (water geven)	zalévat	[zalɛ:vat]
bewatering (de)	zalévání (s)	[zalɛ:va:ni:]

| riek, hooivork (de) | vidle (ž mn) | [vɪdlɛ] |
| hark (de) | hrábě (ž mn) | [hra:be] |

kunstmest (de)	hnojivo (s)	[hnojɪvo]
bemesten (ww)	hnojit	[hnojɪt]
mest (de)	hnůj (m)	[hnu:j]

veld (het)	pole (s)	[polɛ]
wei (de)	louka (ž)	[louka]
moestuin (de)	zelinářská zahrada (ž)	[zɛlɪna:rʃska: zahrada]
boomgaard (de)	zahrada (ž)	[zahrada]

weiden (ww)	pást	[pa:st]
herder (de)	pasák (m)	[pasa:k]
weiland (de)	pastvina (ž)	[pastvɪna]

| veehouderij (de) | živočišná výroba (ž) | [ʒɪvotʃɪʃna: vi:roba] |
| schapenteelt (de) | chov (m) ovcí | [xov ovtsi:] |

plantage (de)	plantáž (ž)	[planta:ʃ]
rijtje (het)	záhonek (m)	[za:honɛk]
broeikas (de)	skleník (m)	[sklɛni:k]

| droogte (de) | sucho (s) | [suxo] |
| droog (bn) | suchý | [suxi:] |

| graangewassen (mv.) | obilniny (ž mn) | [obɪlnɪnɪ] |
| oogsten (ww) | sklízet | [skli:zɛt] |

molenaar (de)	mlynář (m)	[mlɪna:rʃ]
molen (de)	mlýn (m)	[mli:n]
malen (graan ~)	mlít obilí	[mli:t obɪli:]
bloem (bijv. tarwebloem)	mouka (ž)	[mouka]
stro (het)	sláma (ž)	[sla:ma]

103. Gebouw. Bouwproces

bouwplaats (de)	staveniště (s)	[stavɛnɪʃte]
bouwen (ww)	stavět	[stavet]
bouwvakker (de)	stavitel (m)	[stavɪtɛl]

project (het)	projekt (m)	[projɛkt]
architect (de)	architekt (m)	[arxɪtɛkt]
arbeider (de)	dělník (m)	[delni:k]

fundering (de)	základ (m)	[za:klat]
dak (het)	střecha (ž)	[strʃɛxa]
heipaal (de)	pilota (ž)	[pɪlota]
muur (de)	zeď (ž)	[zɛtʲ]

| betonstaal (het) | armatura (ž) | [armatura] |
| steigers (mv.) | lešení (s) | [lɛʃɛni:] |

beton (het)	beton (m)	[bɛton]
graniet (het)	žula (ž)	[ʒula]
steen (de)	kámen (m)	[ka:mɛn]
baksteen (de)	cihla (ž)	[tsɪhla]

zand (het)	písek (m)	[pi:sɛk]
cement (de/het)	cement (m)	[tsɛmɛnt]
pleister (het)	omítka (ž)	[omi:tka]
pleisteren (ww)	omitat	[ɔmi:tat]

verf (de)	barva (ž)	[barva]
verven (muur ~)	natírat	[nati:rat]
ton (de)	sud (m)	[sut]

kraan (de)	jeřáb (m)	[jɛrʒa:p]
heffen, hijsen (ww)	zvedat	[zvɛdat]
neerlaten (ww)	spouštět	[spouʃtet]

| bulldozer (de) | buldozer (m) | [buldozɛr] |
| graafmachine (de) | rýpadlo (s) | [ri:padlo] |

graafbak (de)	lžíce (ž)	[ʒiːʦɛ]
graven (tunnel, enz.)	rýt	[riːt]
helm (de)	přilba (ž)	[prʃɪlba]

Beroepen en ambachten

104. Zoeken naar werk. Ontslag

baan (de)	práce (ž)	[pra:tsɛ]
personeel (het)	personál (m)	[pɛrsona:l]
carrière (de)	kariéra (ž)	[karɪe:ra]
vooruitzichten (mv.)	vyhlídky (ž mn)	[vɪhli:tkɪ]
meesterschap (het)	dovednost (ž)	[dovɛdnost]
keuze (de)	výběr (m)	[vi:ber]
uitzendbureau (het)	kádrová kancelář (ž)	[ka:drova: kantsɛla:rʃ]
CV, curriculum vitae (het)	resumé (s)	[rɛzimɛ:]
sollicitatiegesprek (het)	pohovor (m)	[pohovor]
vacature (de)	neobsazené místo (s)	[nɛopsazɛnɛ: mi:sto]
salaris (het)	plat (m), mzda (ž)	[plat], [mzda]
vaste salaris (het)	stálý plat (m)	[sta:li: plat]
loon (het)	platba (ž)	[platba]
betrekking (de)	funkce (ž)	[fuŋktsɛ]
taak, plicht (de)	povinnost (ž)	[povɪnnost]
takenpakket (het)	okruh (m)	[okrux]
bezig (~ zijn)	zaměstnaný	[zamnestnani:]
ontslagen (ww)	propustit	[propustɪt]
ontslag (het)	propuštění (s)	[propuʃteni:]
werkloosheid (de)	nezaměstnanost (ž)	[nɛzamnestnanost]
werkloze (de)	nezaměstnaný (m)	[nɛzamnestnani:]
pensioen (het)	důchod (m)	[du:xot]
met pensioen gaan	odejít do důchodu	[odɛji:t do du:xodu]

105. Zakenmensen

directeur (de)	ředitel (m)	[rʒɛdɪtɛl]
beheerder (de)	správce (m)	[spra:vtsɛ]
hoofd (het)	šéf (m)	[ʃɛ:f]
baas (de)	vedoucí (m)	[vɛdoutsi:]
superieuren (mv.)	vedení (s)	[vɛdɛni:]
president (de)	prezident (m)	[prɛzɪdɛnt]
voorzitter (de)	předseda (m)	[prʃɛtsɛda]
adjunct (de)	náměstek (m)	[na:mnestɛk]
assistent (de)	pomocník (m)	[pomotsni:k]
secretaris (de)	sekretář (m)	[sɛkrɛta:rʃ]

persoonlijke assistent (de)	osobní sekretář (m)	[osobni: sɛkrɛta:rʃ]
zakenman (de)	byznysmen (m)	[bɪznɪsmen]
ondernemer (de)	podnikatel (m)	[podnɪkatɛl]
oprichter (de)	zakladatel (m)	[zakladatɛl]
oprichten	založit	[zaloʒɪt]
(een nieuw bedrijf ~)		

stichter (de)	zakladatel (m)	[zakladatɛl]
partner (de)	partner (m)	[partnɛr]
aandeelhouder (de)	akcionář (m)	[aktsɪona:rʃ]

miljonair (de)	milionář (m)	[mɪlɪona:rʃ]
miljardair (de)	miliardář (m)	[mɪlɪarda:rʃ]
eigenaar (de)	majitel (m)	[majɪtɛl]
landeigenaar (de)	vlastník (m) půdy	[vlastni:k pu:dɪ]

klant (de)	klient (m)	[klɪent]
vaste klant (de)	stálý zákazník (m)	[sta:li: za:kazni:k]
koper (de)	zákazník (m)	[za:kazni:k]
bezoeker (de)	návštěvník (m)	[na:vʃtevni:k]

professioneel (de)	profesionál (m)	[profɛsɪona:l]
expert (de)	znalec (m)	[znalɛts]
specialist (de)	odborník (m)	[odborni:k]

| bankier (de) | bankéř (m) | [baŋkɛ:rʃ] |
| makelaar (de) | broker (m) | [brokɛr] |

kassier (de)	pokladník (m)	[pokladni:k]
boekhouder (de)	účetní (m, ž)	[u:tʃɛtni:]
bewaker (de)	strážce (m)	[stra:ʒtsɛ]

investeerder (de)	investor (m)	[ɪnvɛstor]
schuldenaar (de)	dlužník (m)	[dluʒni:k]
crediteur (de)	věřitel (m)	[verʒɪtɛl]
lener (de)	vypůjčovatel (m)	[vɪpu:jtʃovatɛl]

| importeur (de) | dovozce (m) | [dovoztsɛ] |
| exporteur (de) | vývozce (m) | [vi:voztsɛ] |

producent (de)	výrobce (m)	[vi:robtsɛ]
distributeur (de)	distributor (m)	[dɪstrɪbutor]
bemiddelaar (de)	zprostředkovatel (m)	[sprostrʃɛtkovatɛl]

adviseur, consulent (de)	konzultant (m)	[konzultant]
vertegenwoordiger (de)	zástupce (m)	[za:stuptsɛ]
agent (de)	agent (m)	[agɛnt]
verzekeringsagent (de)	pojišťovací agent (m)	[pojɪʃtʲovatsi: agɛnt]

106. Dienstverlenende beroepen

kok (de)	kuchař (m)	[kuxarʃ]
chef-kok (de)	šéfkuchař (m)	[ʃɛ:f kuxarʃ]
bakker (de)	pekař (m)	[pɛkarʃ]

barman (de)	barman (m)	[barman]
kelner, ober (de)	číšník (m)	[ʧi:ʃni:k]
serveerster (de)	číšnice (ž)	[ʧi:ʃnɪtsɛ]

advocaat (de)	advokát (m)	[advoka:t]
jurist (de)	právník (m)	[pra:vni:k]
notaris (de)	notář (m)	[nota:rʃ]

elektricien (de)	elektromontér (m)	[ɛlɛktromontɛ:r]
loodgieter (de)	instalatér (m)	[ɪnstalatɛ:r]
timmerman (de)	tesař (m)	[tɛsarʃ]

masseur (de)	masér (m)	[masɛ:r]
masseuse (de)	masérka (ž)	[masɛ:rka]
dokter, arts (de)	lékař (m)	[lɛ:karʃ]

taxichauffeur (de)	taxikář (m)	[taksɪka:rʃ]
chauffeur (de)	řidič (m)	[rʒɪdɪʧ]
koerier (de)	kurýr (m)	[kuri:r]

kamermeisje (het)	pokojská (ž)	[pokojska:]
bewaker (de)	strážce (m)	[stra:ʒtsɛ]
stewardess (de)	letuška (ž)	[lɛtuʃka]

meester (de)	učitel (m)	[uʧɪtɛl]
bibliothecaris (de)	knihovník (m)	[knɪhovni:k]
vertaler (de)	překladatel (m)	[prʃɛkladatɛl]
tolk (de)	tlumočník (m)	[tlumoʧni:k]
gids (de)	průvodce (m)	[pru:vodtsɛ]

kapper (de)	holič (m), kadeřník (m)	[holɪʧ], [kadɛrʒni:k]
postbode (de)	listonoš (m)	[lɪstonoʃ]
verkoper (de)	prodavač (m)	[prodavaʧ]

tuinman (de)	zahradník (m)	[zahradni:k]
huisbediende (de)	sluha (m)	[sluha]
dienstmeisje (het)	služka (ž)	[sluʃka]
schoonmaakster (de)	uklízečka (ž)	[ukli:zɛʧka]

107. Militaire beroepen en rangen

soldaat (rang)	vojín (m)	[voji:n]
sergeant (de)	seržant (m)	[sɛrʒant]
luitenant (de)	poručík (m)	[poruʧi:k]
kapitein (de)	kapitán (m)	[kapɪta:n]

majoor (de)	major (m)	[major]
kolonel (de)	plukovník (m)	[plukovni:k]
generaal (de)	generál (m)	[gɛnɛra:l]
maarschalk (de)	maršál (m)	[marʃa:l]
admiraal (de)	admirál (m)	[admɪra:l]

| militair (de) | voják (m) | [voja:k] |
| soldaat (de) | voják (m) | [voja:k] |

| officier (de) | důstojník (m) | [du:stojni:k] |
| commandant (de) | velitel (m) | [vɛlɪtɛl] |

grenswachter (de)	pohraničník (m)	[pohranɪtʃni:k]
marconist (de)	radista (m)	[radɪsta]
verkenner (de)	rozvědčík (m)	[rozvedtʃi:k]
sappeur (de)	ženista (m)	[ʒenɪsta]
schutter (de)	střelec (m)	[strʃɛlɛts]
stuurman (de)	navigátor (m)	[navɪga:tor]

108. Ambtenaren. Priesters

| koning (de) | král (m) | [kra:l] |
| koningin (de) | královna (ž) | [kra:lovna] |

| prins (de) | princ (m) | [prɪnts] |
| prinses (de) | princezna (ž) | [prɪntsɛzna] |

| tsaar (de) | car (m) | [tsar] |
| tsarina (de) | carevna (ž) | [tsarɛvna] |

president (de)	prezident (m)	[prɛzɪdɛnt]
minister (de)	ministr (m)	[mɪnɪstr]
eerste minister (de)	premiér (m)	[prɛmje:r]
senator (de)	senátor (m)	[sɛna:tor]

diplomaat (de)	diplomat (m)	[dɪplomat]
consul (de)	konzul (m)	[konzul]
ambassadeur (de)	velvyslanec (m)	[vɛlvɪslanɛts]
adviseur (de)	rada (m)	[rada]

ambtenaar (de)	úředník (m)	[u:rʒɛdni:k]
prefect (de)	prefekt (m)	[prɛfɛkt]
burgemeester (de)	primátor (m)	[prɪma:tor]

| rechter (de) | soudce (m) | [soudtsɛ] |
| aanklager (de) | prokurátor (m) | [prokura:tor] |

missionaris (de)	misionář (m)	[mɪsɪona:rʃ]
monnik (de)	mnich (m)	[mnɪx]
abt (de)	opat (m)	[opat]
rabbi, rabbijn (de)	rabín (m)	[rabi:n]

vizier (de)	vezír (m)	[vɛzi:r]
sjah (de)	šach (m)	[ʃax]
sjeik (de)	šejk (m)	[ʃɛjk]

109. Agrarische beroepen

imker (de)	včelař (m)	[vtʃɛlarʃ]
herder (de)	pasák (m)	[pasa:k]
landbouwkundige (de)	agronom (m)	[agronom]

| veehouder (de) | chovatel (m) | [xovatɛl] |
| dierenarts (de) | zvěrolékař (m) | [zverolɛ:karʃ] |

landbouwer (de)	farmář (m)	[farma:rʃ]
wijnmaker (de)	vinař (m)	[vɪnarʃ]
zoöloog (de)	zoolog (m)	[zoolog]
cowboy (de)	kovboj (m)	[kovboj]

110. Kunst beroepen

| acteur (de) | herec (m) | [hɛrɛts] |
| actrice (de) | herečka (ž) | [hɛrɛtʃka] |

| zanger (de) | zpěvák (m) | [speva:k] |
| zangeres (de) | zpěvačka (ž) | [spevatʃka] |

| danser (de) | tanečník (m) | [tanɛtʃni:k] |
| danseres (de) | tanečnice (ž) | [tanɛtʃnɪtsɛ] |

| artiest (mann.) | herec (m) | [hɛrɛts] |
| artiest (vrouw.) | herečka (ž) | [hɛrɛtʃka] |

muzikant (de)	hudebník (m)	[hudɛbni:k]
pianist (de)	klavírista (m)	[klavi:rɪsta]
gitarist (de)	kytarista (m)	[kɪtarɪsta]

orkestdirigent (de)	dirigent (m)	[dɪrɪgɛnt]
componist (de)	skladatel (m)	[skladatɛl]
impresario (de)	impresário (m)	[ɪmprɛsa:rɪo]

filmregisseur (de)	režisér (m)	[rɛʒɪsɛ:r]
filmproducent (de)	filmový producent (m)	[fɪlmovi: produtsɛnt]
scenarioschrijver (de)	scenárista (m)	[stsɛna:rɪsta]
criticus (de)	kritik (m)	[krɪtɪk]

schrijver (de)	spisovatel (m)	[spɪsovatɛl]
dichter (de)	básník (m)	[ba:sni:k]
beeldhouwer (de)	sochař (m)	[soxarʃ]
kunstenaar (de)	malíř (m)	[mali:rʃ]

jongleur (de)	žonglér (m)	[ʒonglɛ:r]
clown (de)	klaun (m)	[klaun]
acrobaat (de)	akrobat (m)	[akrobat]
goochelaar (de)	kouzelník (m)	[kouzɛlni:k]

111. Verschillende beroepen

dokter, arts (de)	lékař (m)	[lɛ:karʃ]
ziekenzuster (de)	zdravotní sestra (ž)	[zdravotni: sɛstra]
psychiater (de)	psychiatr (m)	[psɪxɪatr]
tandarts (de)	stomatolog (m)	[stomatolog]
chirurg (de)	chirurg (m)	[xɪrurg]

astronaut (de)	astronaut (m)	[astronaut]
astronoom (de)	astronom (m)	[astronom]
chauffeur (de)	řidič (m)	[rʒɪdɪtʃ]
machinist (de)	strojvůdce (m)	[strojvu:dtsɛ]
mecanicien (de)	mechanik (m)	[mɛxanɪk]
mijnwerker (de)	horník (m)	[horni:k]
arbeider (de)	dělník (m)	[delni:k]
bankwerker (de)	zámečník (m)	[za:mɛtʃni:k]
houtbewerker (de)	truhlář (m)	[truhla:rʃ]
draaier (de)	soustružník (m)	[soustruʒni:k]
bouwvakker (de)	stavitel (m)	[stavɪtɛl]
lasser (de)	svářeč (m)	[sva:rʒɛtʃ]
professor (de)	profesor (m)	[profɛsor]
architect (de)	architekt (m)	[arxɪtɛkt]
historicus (de)	historik (m)	[hɪstorɪk]
wetenschapper (de)	vědec (m)	[vedɛts]
fysicus (de)	fyzik (m)	[fɪzɪk]
scheikundige (de)	chemik (m)	[xɛmɪk]
archeoloog (de)	archeolog (m)	[arxɛolog]
geoloog (de)	geolog (m)	[gɛolog]
onderzoeker (de)	výzkumník (m)	[vi:skumni:k]
babysitter (de)	chůva (ž)	[xu:va]
leraar, pedagoog (de)	pedagog (m)	[pɛdagog]
redacteur (de)	redaktor (m)	[rɛdaktor]
chef-redacteur (de)	šéfredaktor (m)	[ʃɛ:frɛdaktor]
correspondent (de)	zpravodaj (m)	[spravodaj]
typiste (de)	písařka (ž)	[pi:sarʃka]
designer (de)	návrhář (m)	[na:vrha:rʃ]
computerexpert (de)	odborník (m) na počítače	[odborni:k na potʃi:tatʃɛ]
programmeur (de)	programátor (m)	[programa:tor]
ingenieur (de)	inženýr (m)	[ɪnʒeni:r]
matroos (de)	námořník (m)	[na:morʒni:k]
zeeman (de)	námořník (m)	[na:morʒni:k]
redder (de)	záchranář (m)	[za:xrana:rʃ]
brandweerman (de)	hasič (m)	[hasɪtʃ]
politieagent (de)	policista (m)	[polɪtsɪsta]
nachtwaker (de)	hlídač (m)	[hli:datʃ]
detective (de)	detektiv (m)	[dɛtɛktɪf]
douanier (de)	celník (m)	[tsɛlni:k]
lijfwacht (de)	osobní strážce (m)	[osobni: stra:ʒtsɛ]
gevangenisbewaker (de)	dozorce (m)	[dozortsɛ]
inspecteur (de)	inspektor (m)	[ɪnspɛktor]
sportman (de)	sportovec (m)	[sportovɛts]
trainer (de)	trenér (m)	[trɛnɛ:r]
slager, beenhouwer (de)	řezník (m)	[rʒɛzni:k]

schoenlapper (de)	obuvník (m)	[obuvni:k]
handelaar (de)	obchodník (m)	[obxodni:k]
lader (de)	nakládač (m)	[nakla:datʃ]

| kledingstilist (de) | modelář (m) | [modɛla:rʃ] |
| model (het) | modelka (ž) | [modɛlka] |

112. Beroepen. Sociale status

| scholier (de) | žák (m) | [ʒa:k] |
| student (de) | student (m) | [studɛnt] |

filosoof (de)	filozof (m)	[fɪlozof]
econoom (de)	ekonom (m)	[ɛkonom]
uitvinder (de)	vynálezce (m)	[vɪna:lɛztsɛ]

werkloze (de)	nezaměstnaný (m)	[nɛzamnestnani:]
gepensioneerde (de)	důchodce (m)	[du:xodtsɛ]
spion (de)	špión (m)	[ʃpɪo:n]

gedetineerde (de)	vězeň (m)	[vezɛnʲ]
staker (de)	stávkující (m)	[sta:fkuji:tsi:]
bureaucraat (de)	byrokrat (m)	[bɪrokrat]
reiziger (de)	cestovatel (m)	[tsɛstovatɛl]

| homoseksueel (de) | homosexuál (m) | [homosɛksua:l] |
| hacker (computerkraker) | hacker (m) | [hɛkr] |

bandiet (de)	bandita (m)	[bandɪta]
huurmoordenaar (de)	najatý vrah (m)	[najati: vrax]
drugsverslaafde (de)	narkoman (m)	[narkoman]
drugshandelaar (de)	drogový dealer (m)	[drogovi: di:lɛr]
prostituee (de)	prostitutka (ž)	[prostɪtutka]
pooier (de)	kuplíř (m)	[kupli:rʃ]

tovenaar (de)	čaroděj (m)	[tʃarodej]
tovenares (de)	čarodějka (ž)	[tʃarodejka]
piraat (de)	pirát (m)	[pɪra:t]
slaaf (de)	otrok (m)	[otrok]
samoerai (de)	samuraj (m)	[samuraj]
wilde (de)	divoch (m)	[dɪvox]

Sport

113. Soorten sporten. Sporters

sportman (de)	sportovec (m)	[sportovɛʦ]
soort sport (de/het)	sportovní disciplína (ž)	[sportovni: dɪsʦɪpli:na]
basketbal (het)	basketbal (m)	[baskɛtbal]
basketbalspeler (de)	basketbalista (m)	[baskɛtbalɪsta]
baseball (het)	baseball (m)	[bɛjzbol]
baseballspeler (de)	hráč (m) baseballu	[hra:ʧ bɛjzbolu]
voetbal (het)	fotbal (m)	[fotbal]
voetballer (de)	fotbalista (m)	[fotbalɪsta]
doelman (de)	brankář (m)	[braŋka:rʃ]
hockey (het)	hokej (m)	[hokɛj]
hockeyspeler (de)	hokejista (m)	[hokɛjɪsta]
volleybal (het)	volejbal (m)	[volɛjbal]
volleybalspeler (de)	volejbalista (m)	[volɛjbalɪsta]
boksen (het)	box (m)	[boks]
bokser (de)	boxer (m)	[boksɛr]
worstelen (het)	zápas (m)	[za:pas]
worstelaar (de)	zápasník (m)	[za:pasni:k]
karate (de)	karate (s)	[karatɛ]
karateka (de)	karatista (m)	[karatɪsta]
judo (de)	džudo (s)	[ʤudo]
judoka (de)	džudista (m)	[ʤudɪsta]
tennis (het)	tenis (m)	[tɛnɪs]
tennisspeler (de)	tenista (m)	[tɛnɪsta]
zwemmen (het)	plavání (s)	[plava:ni:]
zwemmer (de)	plavec (m)	[plavɛʦ]
schermen (het)	šerm (m)	[ʃɛrm]
schermer (de)	šermíř (m)	[ʃɛrmi:rʃ]
schaak (het)	šachy (m mn)	[ʃaxɪ]
schaker (de)	šachista (m)	[ʃaxɪsta]
alpinisme (het)	horolezectví (s)	[horolɛzɛʦtvi:]
alpinist (de)	horolezec (m)	[horolɛzɛʦ]
hardlopen (het)	běh (m)	[bex]

renner (de)	běžec (m)	[beʒɛʦ]
atletiek (de)	lehká atletika (ž)	[lɛhka: atlɛtɪka]
atleet (de)	atlet (m)	[atlɛt]

| paardensport (de) | jízda (ž) na koni | [ji:zda na konɪ] |
| ruiter (de) | jezdec (m) | [jɛzdɛʦ] |

kunstschaatsen (het)	krasobruslení (s)	[krasobruslɛni:]
kunstschaatser (de)	krasobruslař (m)	[krasobruslarʃ]
kunstschaatsster (de)	krasobruslařka (ž)	[krasobruslarʃka]

| gewichtheffen (het) | těžká atletika (ž) | [teʃka: atlɛtɪka] |
| gewichtheffer (de) | vzpěrač (m) | [vsperatʃ] |

| autoraces (mv.) | automobilové závody (m mn) | [automobɪlovɛ: za:vodɪ] |
| coureur (de) | závodník (m) | [za:vodni:k] |

| wielersport (de) | cyklistika (ž) | [ʦɪklɪstɪka] |
| wielrenner (de) | cyklista (m) | [ʦɪklɪsta] |

verspringen (het)	daleké skoky (m mn)	[dalɛkɛ: skokɪ]
polsstokspringen (het)	skoky (m mn) o tyči	[skokɪ o tɪtʃɪ]
verspringer (de)	skokan (m)	[skokan]

114. Soorten sporten. Diversen

Amerikaans voetbal (het)	americký fotbal (m)	[amerɪtski: fotbal]
badminton (het)	badminton (m)	[badmɪnton]
biatlon (de)	biatlon (m)	[bɪatlon]
biljart (het)	kulečník (m)	[kulɛtʃni:k]

bobsleeën (het)	bobový sport (m)	[bobovi: sport]
bodybuilding (de)	kulturistika (ž)	[kulturɪstɪka]
waterpolo (het)	vodní pólo (s)	[vodni: po:lo]
handbal (de)	házená (ž)	[ha:zɛna:]
golf (het)	golf (m)	[golf]

roeisport (de)	veslování (s)	[vɛslova:ni:]
duiken (het)	potápění (s)	[pota:peni:]
langlaufen (het)	lyžařské závody (m mn)	[lɪʒarʃkɛ: za:vodɪ]
tafeltennis (het)	stolní tenis (m)	[stolni: tɛnɪs]

zeilen (het)	plachtění (s)	[plaxteni:]
rally (de)	rallye (s)	[rali:]
rugby (het)	ragby (s)	[ragbɪ]
snowboarden (het)	snowboarding (m)	[snoubordɪŋk]
boogschieten (het)	lukostřelba (ž)	[lukostrʃɛlba]

115. Fitnessruimte

| lange halter (de) | vzpěračská činka (ž) | [vsperatʃska: tʃɪŋka] |
| halters (mv.) | činky (ž mn) | [tʃɪŋkɪ] |

training machine (de)	trenažér (m)	[trɛnaʒeːr]
hometrainer (de)	kolový trenažér (m)	[kolovi: trɛnaʒeːr]
loopband (de)	běžecký pás (m)	[beʒeʦki: paːs]

rekstok (de)	hrazda (ž)	[hrazda]
brug (de) gelijke leggers	bradla (s mn)	[bradla]
paardsprong (de)	kůň (m)	[kuːnʲ]
mat (de)	žíněnka (ž)	[ʒiːneŋka]

| aerobics (de) | aerobik (m) | [aɛrobɪk] |
| yoga (de) | jóga (ž) | [joːga] |

116. Sporten. Diversen

Olympische Spelen (mv.)	Olympijské hry (ž mn)	[olɪmpɪjskɛ: hrɪ]
winnaar (de)	vítěz (m)	[vi:tez]
overwinnen (ww)	vítězit	[vi:tezɪt]
winnen (ww)	vyhrát	[vɪhraːt]

| leider (de) | vůdce (m) | [vuːdʦɛ] |
| leiden (ww) | vést | [vɛ:st] |

eerste plaats (de)	první místo (s)	[prvni: mi:sto]
tweede plaats (de)	druhé místo (s)	[druhɛ: mi:sto]
derde plaats (de)	třetí místo (s)	[trʃɛti: mi:sto]

medaille (de)	medaile (ž)	[mɛdajlɛ]
trofee (de)	trofej (ž)	[trofɛj]
beker (de)	pohár (m)	[poha:r]
prijs (de)	cena (ž)	[ʦɛna]
hoofdprijs (de)	hlavní cena (ž)	[hlavni: ʦɛna]

| record (het) | rekord (m) | [rɛkort] |
| een record breken | vytvořit rekord | [vɪtvorʒɪt rɛkort] |

| finale (de) | finále (s) | [fɪnaːlɛ] |
| finale (bn) | finální | [fɪnaːlniː] |

| kampioen (de) | mistr (m) | [mɪstr] |
| kampioenschap (het) | mistrovství (s) | [mɪstrovstviː] |

stadion (het)	stadión (m)	[stadɪoːn]
tribune (de)	tribuna (ž)	[trɪbuna]
fan, supporter (de)	fanoušek (m)	[fanouʃɛk]
tegenstander (de)	soupeř (m)	[soupɛrʃ]

| start (de) | start (m) | [start] |
| finish (de) | cíl (m) | [ʦiːl] |

| nederlaag (de) | prohra (ž) | [prohra] |
| verliezen (ww) | prohrát | [prohraːt] |

| rechter (de) | rozhodčí (m) | [rozhodʧiː] |
| jury (de) | porota, jury (ž) | [porota], [ʒiri] |

stand (~ is 3-1)	skóre (s)	[sko:rɛ]
gelijkspel (het)	remíza (ž)	[rɛmi:za]
in gelijk spel eindigen	remizovat	[rɛmɪzovat]
punt (het)	bod (m)	[bot]
uitslag (de)	výsledek (m)	[vi:slɛdɛk]
pauze (de)	poločas (m)	[poloʧas]
doping (de)	doping (m)	[dopɪŋk]
straffen (ww)	trestat	[trɛstat]
diskwalificeren (ww)	diskvalifikovat	[dɪskvalɪfɪkovat]
toestel (het)	nářadí (s)	[na:rʒadi:]
speer (de)	oštěp (m)	[oʃtep]
kogel (de)	koule (ž)	[koulɛ]
bal (de)	koule (ž)	[koulɛ]
doel (het)	cíl (m)	[ʦi:l]
schietkaart (de)	terč (m)	[tɛrʧ]
schieten (ww)	střílet	[strʃi:lɛt]
precies (bijv. precieze schot)	přesný	[prʃɛsni:]
trainer, coach (de)	trenér (m)	[trɛnɛ:r]
trainen (ww)	trénovat	[trɛ:novat]
zich trainen (ww)	trénovat	[trɛ:novat]
training (de)	trénink (m)	[trɛ:nɪŋk]
gymnastiekzaal (de)	tělocvična (ž)	[teloʦvɪʧna]
oefening (de)	cvičení (s)	[ʦvɪʧɛni:]
opwarming (de)	rozcvička (ž)	[rozʦvɪʧka]

Onderwijs

117. School

school (de)	**škola** (ž)	[ʃkola]
schooldirecteur (de)	**ředitel** (m) **školy**	[rʒɛdɪtɛl ʃkolɪ]
leerling (de)	**žák** (m)	[ʒaːk]
leerlinge (de)	**žákyně** (ž)	[ʒaːkɪne]
scholier (de)	**žák** (m)	[ʒaːk]
scholiere (de)	**žákyně** (ž)	[ʒaːkɪne]
leren (lesgeven)	**učit**	[utʃɪt]
studeren (bijv. een taal ~)	**učit se**	[utʃɪt sɛ]
van buiten leren	**učit se nazpaměť**	[utʃɪt sɛ naspamnetⁱ]
leren (bijv. ~ tellen)	**učit se**	[utʃɪt sɛ]
in school zijn	**chodí za školu**	[xodi: za ʃkolu]
(schooljongen zijn)		
naar school gaan	**jít do školy**	[jiːt do ʃkolɪ]
alfabet (het)	**abeceda** (ž)	[abɛtsɛda]
vak (schoolvak)	**předmět** (m)	[prʃɛdmnet]
klaslokaal (het)	**třída** (ž)	[trʃiːda]
les (de)	**hodina** (ž)	[hodɪna]
pauze (de)	**přestávka** (ž)	[prʃɛstaːfka]
bel (de)	**zvonění** (s)	[zvoneni:]
schooltafel (de)	**školní lavice** (ž)	[ʃkolni: lavɪtsɛ]
schoolbord (het)	**tabule** (ž)	[tabulɛ]
cijfer (het)	**známka** (ž)	[znaːmka]
goed cijfer (het)	**dobrá známka** (ž)	[dobra znaːmka]
slecht cijfer (het)	**špatná známka** (ž)	[ʃpatna: znaːmka]
een cijfer geven	**dávat známku**	[daːvat znaːmku]
fout (de)	**chyba** (ž)	[xɪba]
fouten maken	**dělat chyby**	[delat xɪbɪ]
corrigeren (fouten ~)	**opravovat**	[opravovat]
spiekbriefje (het)	**tahák** (m)	[taha:k]
huiswerk (het)	**domácí úloha** (ž)	[doma:tsi: u:loha]
oefening (de)	**cvičení** (s)	[tsvɪtʃɛni:]
aanwezig zijn (ww)	**být přítomen**	[bi:t prʃi:tomɛn]
absent zijn (ww)	**chybět**	[xɪbet]
bestraffen (een stout kind ~)	**trestat**	[trɛstat]
bestraffing (de)	**trest** (m)	[trɛst]
gedrag (het)	**chování** (s)	[xova:ni:]

cijferlijst (de)	žákovská knížka (ž)	[ʒa:kovska: kni:ʃka]
potlood (het)	tužka (ž)	[tuʃka]
gom (de)	guma (ž)	[guma]
krijt (het)	křída (ž)	[krʃi:da]
pennendoos (de)	penál (m)	[pɛna:l]

boekentas (de)	brašna (ž)	[braʃna]
pen (de)	pero (s)	[pɛro]
schrift (de)	sešit (m)	[sɛʃɪt]
leerboek (het)	učebnice (ž)	[utʃɛbnɪtsɛ]
passer (de)	kružidlo (s)	[kruʒɪdlo]

| technisch tekenen (ww) | rýsovat | [ri:sovat] |
| technische tekening (de) | výkres (m) | [vi:krɛs] |

gedicht (het)	báseň (ž)	[ba:sɛɲ]
van buiten (bw)	nazpaměť	[naspamnetʲ]
van buiten leren	učit se nazpaměť	[utʃɪt sɛ naspamnetʲ]

| vakantie (de) | prázdniny (ž mn) | [pra:zdnɪnɪ] |
| met vakantie zijn | mít prázdniny | [mi:t pra:zdnɪnɪ] |

toets (schriftelijke ~)	písemka (ž)	[pi:sɛmka]
opstel (het)	sloh (m)	[slox]
dictee (het)	diktát (m)	[dɪkta:t]

examen (het)	zkouška (ž)	[skouʃka]
examen afleggen	dělat zkoušky	[delat skouʃkɪ]
experiment (het)	pokus (m)	[pokus]

118. Hogeschool. Universiteit

academie (de)	akademie (ž)	[akadɛmɪe]
universiteit (de)	univerzita (ž)	[unɪvɛrzɪta]
faculteit (de)	fakulta (ž)	[fakulta]

student (de)	student (m)	[studɛnt]
studente (de)	studentka (ž)	[studɛntka]
leraar (de)	vyučující (m)	[vɪutʃuji:tsi:]

| collegezaal (de) | posluchárna (ž) | [posluxa:rna] |
| afgestudeerde (de) | absolvent (m) | [apsolvɛnt] |

| diploma (het) | diplom (m) | [dɪplom] |
| dissertatie (de) | disertace (ž) | [dɪsɛrtatsɛ] |

| onderzoek (het) | bádání (s) | [ba:da:ni:] |
| laboratorium (het) | laboratoř (ž) | [laboratorʃ] |

| college (het) | přednáška (ž) | [prʃɛdna:ʃka] |
| medestudent (de) | spolužák (m) | [spoluʒa:k] |

| studiebeurs (de) | stipendium (s) | [stɪpɛndɪum] |
| academische graad (de) | akademická hodnost (ž) | [akadɛmɪtska: hodnost] |

119. Wetenschappen. Disciplines

wiskunde (de)	matematika (ž)	[matɛmatɪka]
algebra (de)	algebra (ž)	[algɛbra]
meetkunde (de)	geometrie (ž)	[gɛomɛtrɪe]

astronomie (de)	astronomie (ž)	[astronomɪe]
biologie (de)	biologie (ž)	[bɪologɪe]
geografie (de)	zeměpis (m)	[zɛmnepɪs]
geologie (de)	geologie (ž)	[gɛologɪe]
geschiedenis (de)	historie (ž)	[hɪstorɪe]

geneeskunde (de)	lékařství (s)	[lɛ:karʃstvi:]
pedagogiek (de)	pedagogika (ž)	[pɛdagogɪka]
rechten (mv.)	právo (s)	[pra:vo]

fysica, natuurkunde (de)	fyzika (ž)	[fɪzɪka]
scheikunde (de)	chemie (ž)	[xɛmɪe]
filosofie (de)	filozofie (ž)	[fɪlozofɪe]
psychologie (de)	psychologie (ž)	[psɪxologɪe]

120. Schrift. Spelling

grammatica (de)	mluvnice (ž)	[mluvnɪtsɛ]
vocabulaire (het)	slovní zásoba (ž)	[slovni: za:soba]
fonetiek (de)	hláskosloví (s)	[hla:skoslovi:]

zelfstandig naamwoord (het)	podstatné jméno (s)	[potsta:tnɛ: jmɛ:no]
bijvoeglijk naamwoord (het)	přídavné jméno (s)	[prʃi:davnɛ: jmɛ:no]
werkwoord (het)	sloveso (s)	[slovɛso]
bijwoord (het)	příslovce (s)	[prʃi:slovtsɛ]

voornaamwoord (het)	zájmeno (s)	[za:jmɛno]
tussenwerpsel (het)	citoslovce (s)	[tsɪtoslovtsɛ]
voorzetsel (het)	předložka (ž)	[prʃɛdloʃka]

stam (de)	slovní základ (m)	[slovni: za:klat]
achtervoegsel (het)	koncovka (ž)	[kontsofka]
voorvoegsel (het)	předpona (ž)	[prʃɛtpona]
lettergreep (de)	slabika (ž)	[slabɪka]
achtervoegsel (het)	přípona (ž)	[prʃi:pona]

nadruk (de)	přízvuk (m)	[prʃi:zvuk]
afkappingsteken (het)	odsuvník (m)	[otsuvni:k]

punt (de)	tečka (ž)	[tɛtʃka]
komma (de/het)	čárka (ž)	[tʃa:rka]
puntkomma (de)	středník (m)	[strʃɛdni:k]
dubbelpunt (de)	dvojtečka (ž)	[dvojtɛtʃka]
beletselteken (het)	tři tečky (ž mn)	[trʃɪ tɛtʃkɪ]

vraagteken (het)	otazník (m)	[otazni:k]
uitroepteken (het)	vykřičník (m)	[vɪkrʃɪtʃni:k]

aanhalingstekens (mv.)	uvozovky (ž mn)	[uvozofkɪ]
tussen aanhalingstekens (bw)	v uvozovkách	[f uvozofka:x]
haakjes (mv.)	závorky (ž mn)	[za:vorkɪ]
tussen haakjes (bw)	v závorkách	[v za:vorkax]

streepje (het)	spojovník (m)	[spojovni:k]
gedachtestreepje (het)	pomlčka (ž)	[pomltʃka]
spatie	mezera (ž)	[mɛzɛra]
(~ tussen twee woorden)		

| letter (de) | písmeno (s) | [pi:smɛno] |
| hoofdletter (de) | velké písmeno (s) | [vɛlkɛ: pi:smɛno] |

| klinker (de) | samohláska (ž) | [samohla:ska] |
| medeklinker (de) | souhláska (ž) | [souhla:ska] |

zin (de)	věta (ž)	[veta]
onderwerp (het)	podmět (m)	[podmnet]
gezegde (het)	přísudek (m)	[prʃi:sudɛk]

regel (in een tekst)	řádek (m)	[rʒa:dɛk]
op een nieuwe regel (bw)	z nového řádku	[z novɛ:ho rʒa:tku]
alinea (de)	odstavec (m)	[otstavɛts]

woord (het)	slovo (s)	[slovo]
woordgroep (de)	slovní spojení (s)	[slovni: spojɛni:]
uitdrukking (de)	výraz (m)	[vi:raz]
synoniem (het)	synonymum (s)	[sɪnonɪmum]
antoniem (het)	antonymum (s)	[antonɪmum]

regel (de)	pravidlo (s)	[pravɪdlo]
uitzondering (de)	výjimka (ž)	[vi:jɪmka]
correct (bijv. ~e spelling)	správný	[spra:vni:]

vervoeging, conjugatie (de)	časování (s)	[tʃasova:ni:]
verbuiging, declinatie (de)	skloňování (s)	[sklonʲova:ni:]
naamval (de)	pád (m)	[pa:t]
vraag (de)	otázka (ž)	[ota:ska]
onderstrepen (ww)	podtrhnout	[podtrhnout]
stippellijn (de)	tečkování (s)	[tɛtʃkova:ni:]

121. Vreemde talen

taal (de)	jazyk (m)	[jazɪk]
vreemde taal (de)	cizí jazyk (m)	[tsɪzi: jazɪk]
leren (bijv. van buiten ~)	studovat	[studovat]
studeren (Nederlands ~)	učit se	[utʃɪt sɛ]

lezen (ww)	číst	[tʃi:st]
spreken (ww)	mluvit	[mluvɪt]
begrijpen (ww)	rozumět	[rozumnet]
schrijven (ww)	psát	[psa:t]
snel (bw)	rychle	[rɪxlɛ]
langzaam (bw)	pomalu	[pomalu]

111

vloeiend (bw)	plynně	[plɪnne]
regels (mv.)	pravidla (s mn)	[pravɪdla]
grammatica (de)	mluvnice (ž)	[mluvnɪtsɛ]
vocabulaire (het)	slovní zásoba (ž)	[slovni: za:soba]
fonetiek (de)	hláskosloví (s)	[hla:skoslovi:]

leerboek (het)	učebnice (ž)	[utʃɛbnɪtsɛ]
woordenboek (het)	slovník (m)	[slovni:k]
leerboek (het) voor zelfstudie	učebnice (ž) pro samouky	[utʃɛbnɪtsɛ pro samoukɪ]
taalgids (de)	konverzace (ž)	[konvɛrzatsɛ]

cassette (de)	kazeta (ž)	[kazɛta]
videocassette (de)	videokazeta (ž)	[vɪdɛokazɛta]
CD (de)	CD disk (m)	[tsɛ:dɛ: dɪsk]
DVD (de)	DVD (s)	[dɛvɛdɛ]

alfabet (het)	abeceda (ž)	[abɛtsɛda]
spellen (ww)	hláskovat	[hla:skovat]
uitspraak (de)	výslovnost (ž)	[vi:slovnost]

accent (het)	cizí přízvuk (m)	[tsɪzi: prʃi:zvuk]
met een accent (bw)	s cizím přízvukem	[s tsɪzi:m prʃi:zvukɛm]
zonder accent (bw)	bez cizího přízvuku	[bɛz tsɪzi:ho prʃi:zvuku]

woord (het)	slovo (s)	[slovo]
betekenis (de)	smysl (m)	[smɪsl]

cursus (de)	kurzy (m mn)	[kurzɪ]
zich inschrijven (ww)	zapsat se	[zapsat sɛ]
leraar (de)	vyučující (m)	[vɪutʃuji:tsi:]

vertaling (een ~ maken)	překlad (m)	[prʃɛklat]
vertaling (tekst)	překlad (m)	[prʃɛklat]
vertaler (de)	překladatel (m)	[prʃɛkladatɛl]
tolk (de)	tlumočník (m)	[tlumotʃni:k]

polyglot (de)	polyglot (m)	[polɪglot]
geheugen (het)	paměť (ž)	[pamnetʲ]

122. Sprookjesfiguren

Sinterklaas (de)	svatý Mikuláš (m)	[svati: mɪkula:ʃ]
zeemeermin (de)	rusalka (ž)	[rusalka]

magiër, tovenaar (de)	čaroděj (m)	[tʃarodej]
goede heks (de)	čarodějka (ž)	[tʃarodejka]
magisch (bn)	čarodějný	[tʃarodejni:]
toverstokje (het)	čarovný proutek (m)	[tʃarovni: proutɛk]

sprookje (het)	pohádka (ž)	[poha:tka]
wonder (het)	zázrak (m)	[za:zrak]
dwerg (de)	gnóm (m)	[gno:m]
veranderen in ... (anders worden)	proměnit se	[promnenɪt sɛ]

geest (de)	přízrak (m)	[prʃiːzrak]
spook (het)	přízrak (m)	[prʃiːzrak]
monster (het)	příšera (ž)	[prʃiːʃɛra]
draak (de)	drak (m)	[drak]
reus (de)	obr (m)	[obr]

123. Dierenriem

Ram (de)	Skopec (m)	[skopɛts]
Stier (de)	Býk (m)	[biːk]
Tweelingen (mv.)	Blíženci (m mn)	[bliːʒentsɪ]
Kreeft (de)	Rak (m)	[rak]
Leeuw (de)	Lev (m)	[lɛf]
Maagd (de)	Panna (ž)	[panna]

Weegschaal (de)	Váhy (ž mn)	[vaːhɪ]
Schorpioen (de)	Štír (m)	[ʃtiːr]
Boogschutter (de)	Střelec (m)	[strʃɛlɛts]
Steenbok (de)	Kozorožec (m)	[kozoroʒets]
Waterman (de)	Vodnář (m)	[vodnaːrʃ]
Vissen (mv.)	Ryby (ž mn)	[rɪbɪ]

karakter (het)	povaha (ž)	[povaha]
karaktertrekken (mv.)	povahové vlastnosti (ž mn)	[povahovɛ: vlastnostɪ]
gedrag (het)	chování (s)	[xovaːniː]
waarzeggen (ww)	hádat	[haːdat]
waarzegster (de)	věštkyně (ž)	[vɛʃtkɪnɛ]
horoscoop (de)	horoskop (m)	[horoskop]

113

Kunst

124. Theater

theater (het)	divadlo (s)	[dɪvadlo]
opera (de)	opera (ž)	[opɛra]
operette (de)	opereta (ž)	[opɛrɛta]
ballet (het)	balet (m)	[balɛt]

affiche (de/het)	plakát (m)	[plaka:t]
theatergezelschap (het)	soubor (m)	[soubor]
tournee (de)	pohostinská vystoupení (s mn)	[pohostɪnska: vɪstoupɛni:]
op tournee zijn	hostovat	[hostovat]
repeteren (ww)	zkoušet	[skouʃɛt]
repetitie (de)	zkouška (ž)	[skouʃka]
repertoire (het)	repertoár (m)	[rɛpɛrtoa:r]

voorstelling (de)	představení (s)	[prʃɛtstavɛni:]
spektakel (het)	hra (ž)	[hra]
toneelstuk (het)	hra (ž)	[hra]

biljet (het)	vstupenka (ž)	[vstupɛŋka]
kassa (de)	pokladna (ž)	[pokladna]
foyer (de)	vestibul (m)	[vɛstɪbul]
garderobe (de)	šatna (ž)	[ʃatna]
garderobe nummer (het)	lístek (m) s číslem	[li:stɛk s tʃi:slem]
verrekijker (de)	kukátko (s)	[kuka:tko]
plaatsaanwijzer (de)	uvaděčka (ž)	[uvadetʃka]

parterre (de)	přízemí (s)	[prʃizɛmi:]
balkon (het)	balkón (m)	[balko:n]
gouden rang (de)	první balkón (m)	[prvni: balko:n]
loge (de)	lóže (ž)	[lo:ʒe]
rij (de)	řada (ž)	[rʒada]
plaats (de)	místo (s)	[mi:sto]

publiek (het)	obecenstvo (s)	[obɛtsɛnstvo]
kijker (de)	divák (m)	[dɪva:k]
klappen (ww)	tleskat	[tlɛskat]
applaus (het)	potlesk (m)	[potlɛsk]
ovatie (de)	ovace (ž)	[ovatsɛ]

toneel (op het ~ staan)	jeviště (s)	[jɛvɪʃte]
gordijn, doek (het)	opona (ž)	[opona]
toneeldecor (het)	dekorace (ž)	[dɛkoratsɛ]
backstage (de)	kulisy (ž mn)	[kulɪsɪ]
scène (de)	scéna (ž)	[stsɛ:na]
bedrijf (het)	jednání (s)	[jɛdna:ni:]
pauze (de)	přestávka (ž)	[prʃesta:fka]

125. Bioscoop

acteur (de)	herec (m)	[hɛrɛts]
actrice (de)	herečka (ž)	[hɛrɛtʃka]
bioscoop (de)	kinematografie (ž)	[kɪnɛmatɔgrafɪɛ]
speelfilm (de)	film (m)	[fɪlm]
aflevering (de)	díl (m)	[di:l]
detectivefilm (de)	detektivka (ž)	[dɛtɛktɪfka]
actiefilm (de)	akční film (m)	[aktʃni: fɪlm]
avonturenfilm (de)	dobrodružný film (m)	[dobrodruʒni: fɪlm]
sciencefictionfilm (de)	vědecko-fantastický film (m)	[vɛdɛtsko-fantastɪtski: fɪlm]
griezelfilm (de)	horor (m)	[horor]
komedie (de)	filmová komedie (ž)	[fɪlmova: komɛdɪɛ]
melodrama (het)	melodrama (s)	[mɛlodrama]
drama (het)	drama (s)	[drama]
speelfilm (de)	umělecký film (m)	[umnɛlɛtski: fɪlm]
documentaire (de)	dokumentární film (m)	[dokumɛnta:rni: fɪlm]
tekenfilm (de)	kreslený film (m)	[krɛslɛni: fɪlm]
stomme film (de)	němý film (m)	[nemi: fɪlm]
rol (de)	role (ž)	[rolɛ]
hoofdrol (de)	hlavní role (ž)	[hlavni: rolɛ]
spelen (ww)	hrát	[hra:t]
filmster (de)	filmová hvězda (ž)	[fɪlmova: hvezda]
bekend (bn)	slavný	[slavni:]
beroemd (bn)	známý	[zna:mi:]
populair (bn)	oblíbený	[obli:bɛni:]
scenario (het)	scénář (m)	[stsɛ:na:rʃ]
scenarioschrijver (de)	scenárista (m)	[stsɛna:rɪsta]
regisseur (de)	režisér (m)	[rɛʒɪsɛ:r]
filmproducent (de)	filmový producent (m)	[fɪlmovi: produtsɛnt]
assistent (de)	asistent (m)	[asɪstɛnt]
cameraman (de)	kameraman (m)	[kamɛraman]
stuntman (de)	kaskadér (m)	[kaskadɛ:r]
een film maken	natáčet film	[nata:tʃɛt fɪlm]
auditie (de)	zkušební natáčení (s)	[skuʃebni: nata:tʃɛni:]
opnamen (mv.)	natáčení (s)	[nata:tʃɛni:]
filmploeg (de)	filmová skupina (ž)	[fɪlmova: skupɪna]
filmset (de)	natáčecí prostor (m)	[nata:tʃɛtsi: prostor]
filmcamera (de)	filmová kamera (ž)	[fɪlmova: kamɛra]
bioscoop (de)	biograf (m)	[bɪograf]
scherm (het)	plátno (s)	[pla:tno]
een film vertonen	promítat film	[promi:tat fɪlm]
geluidsspoor (de)	zvuková stopa (ž)	[zvukova: stopa]
speciale effecten (mv.)	triky (m mn)	[trɪkɪ]
ondertiteling (de)	titulky (m mn)	[tɪtulkɪ]

| voortiteling, aftiteling (de) | titulky (m mn) | [tɪtulkɪ] |
| vertaling (de) | překlad (m) | [prʃɛklat] |

126. Schilderij

kunst (de)	umění (s)	[umneni:]
schone kunsten (mv.)	krásná umění (s mn)	[kra:sna: umneni:]
kunstgalerie (de)	galerie (ž)	[galɛrɪe]
kunsttentoonstelling (de)	výstava (ž) obrazů	[vi:stava obrazu:]

schilderkunst (de)	malířství (s)	[mali:rʃstvi:]
grafiek (de)	grafika (ž)	[grafɪka]
abstracte kunst (de)	abstraktní umění (s)	[apstraktni: umneni:]
impressionisme (het)	impresionismus (m)	[ɪmprɛsɪonɪzmus]

schilderij (het)	obraz (m)	[obraz]
tekening (de)	kresba (ž)	[krɛzba]
poster (de)	plakát (m)	[plaka:t]

illustratie (de)	ilustrace (ž)	[ɪlustratsɛ]
miniatuur (de)	miniatura (ž)	[mɪnɪatura]
kopie (de)	kopie (ž)	[kopɪe]
reproductie (de)	reprodukce (ž)	[rɛproduktsɛ]

mozaïek (het)	mozaika (ž)	[mozaɪka]
gebrandschilderd glas (het)	skleněná mozaika (ž)	[sklɛnena: mozaɪka]
fresco (het)	freska (ž)	[frɛska]
gravure (de)	rytina (ž)	[rɪtɪna]

buste (de)	bysta (ž)	[bɪsta]
beeldhouwwerk (het)	skulptura (ž)	[skulptura]
beeld (bronzen ~)	socha (ž)	[soxa]
gips (het)	sádra (ž)	[sa:dra]
gipsen (bn)	sádrový	[sa:drovi:]

portret (het)	portrét (m)	[portrɛ:t]
zelfportret (het)	autoportrét (m)	[autoportrɛ:t]
landschap (het)	krajina (ž)	[krajɪna]
stilleven (het)	zátiší (s)	[za:tɪʃi:]
karikatuur (de)	karikatura (ž)	[karɪkatura]
schets (de)	náčrt (m)	[na:tʃrt]

verf (de)	barva (ž)	[barva]
aquarel (de)	vodová barva (ž)	[vodova: barva]
olieverf (de)	olejová barva (ž)	[olɛjova: barva]
potlood (het)	tužka (ž)	[tuʃka]
Oost-Indische inkt (de)	tuž (ž)	[tuʃ]
houtskool (de)	uhel (m)	[uhɛl]

| tekenen (met krijt) | kreslit | [krɛslɪt] |
| schilderen (ww) | malovat | [malovat] |

| poseren (ww) | být modelem | [bi:t modɛlɛm] |
| naaktmodel (man) | živý model (m) | [ʒɪvi: modɛl] |

naaktmodel (vrouw)	modelka (ž)	[modɛlka]
kunstenaar (de)	malíř (m)	[mali:rʃ]
kunstwerk (het)	dílo (s)	[di:lo]
meesterwerk (het)	veledílo (s)	[vɛlɛdi:lo]
studio, werkruimte (de)	dílna (ž)	[di:lna]

schildersdoek (het)	plátno (s)	[pla:tno]
schildersezel (de)	malířský stojan (m)	[malirʒski: stojan]
palet (het)	paleta (ž)	[palɛta]

lijst (een vergulde ~)	rám (m)	[ra:m]
restauratie (de)	restaurace (ž)	[rɛstauratsɛ]
restaureren (ww)	restaurovat	[rɛstaurovat]

127. Literatuur & Poëzie

literatuur (de)	literatura (ž)	[lɪtɛratura]
auteur (de)	autor (m)	[autor]
pseudoniem (het)	pseudonym (m)	[psɛudonɪm]

boek (het)	kniha (ž)	[knɪha]
boekdeel (het)	díl (m)	[di:l]
inhoudsopgave (de)	obsah (m)	[opsax]
pagina (de)	stránka (ž)	[stra:ŋka]
hoofdpersoon (de)	hlavní hrdina (m)	[hlavni: hrdɪna]
handtekening (de)	autogram (m)	[autogram]

verhaal (het)	povídka (ž)	[povi:tka]
novelle (de)	novela (ž)	[novɛla]
roman (de)	román (m)	[roma:n]
werk (literatuur)	spis (m)	[spɪs]
fabel (de)	bajka (ž)	[bajka]
detectiveroman (de)	detektivka (ž)	[dɛtɛktɪfka]

gedicht (het)	báseň (ž)	[ba:sɛnʲ]
poëzie (de)	poezie (ž)	[poɛzɪe]
epos (het)	báseň (ž)	[ba:sɛnʲ]
dichter (de)	básník (m)	[ba:sni:k]

fictie (de)	beletrie (ž)	[bɛlɛtrɪe]
sciencefiction (de)	vědecko-fantastická literatura (ž)	[vɛdɛtsko-fantastɪtska lɪtɛratura]
avonturenroman (de)	dobrodružství (s)	[dobrodruʒstvi:]
opvoedkundige literatuur (de)	školní literatura (ž)	[ʃkolni: lɪtɛratura]
kinderliteratuur (de)	dětská literatura (ž)	[detska: lɪtɛratura]

128. Circus

circus (de/het)	cirkus (m)	[tsɪrkus]
chapiteau circus (de/het)	cirkusový stan (m)	[tsɪrkusovi: stan]
programma (het)	program (m)	[program]
voorstelling (de)	představení (s)	[prʃɛtstavɛni:]

nummer (circus ~)	**výstup** (m)	[viːstup]
arena (de)	**aréna** (ž)	[arɛːna]

pantomime (de)	**pantomima** (ž)	[pantomɪma]
clown (de)	**klaun** (m)	[klaun]

acrobaat (de)	**akrobat** (m)	[akrobat]
acrobatiek (de)	**akrobatika** (ž)	[akrobatɪka]
gymnast (de)	**gymnasta** (m)	[gɪmnasta]
gymnastiek (de)	**gymnastika** (ž)	[gɪmnastɪka]
salto (de)	**salto** (s)	[salto]

sterke man (de)	**atlet** (m)	[atlɛt]
temmer (de)	**krotitel** (m)	[krotɪtɛl]
ruiter (de)	**jezdec** (m)	[jɛzdɛʦ]
assistent (de)	**asistent** (m)	[asɪstɛnt]

stunt (de)	**trik** (m)	[trɪk]
goocheltruc (de)	**kouzlo** (s)	[kouzlo]
goochelaar (de)	**kouzelník** (m)	[kouzɛlniːk]

jongleur (de)	**žonglér** (m)	[ʒonglɛːr]
jongleren (ww)	**žonglovat**	[ʒonglovat]
dierentrainer (de)	**cvičitel** (m)	[ʦvɪʧɪtɛl]
dressuur (de)	**drezůra** (ž)	[drɛzuːra]
dresseren (ww)	**cvičit**	[ʦvɪʧɪt]

129. Muziek. Popmuziek

muziek (de)	**hudba** (ž)	[hudba]
muzikant (de)	**hudebník** (m)	[hudɛbniːk]
muziekinstrument (het)	**hudební nástroj** (m)	[hudɛbniː naːstroj]
spelen (bijv. gitaar ~)	**hrát na ...**	[hraːt na]

gitaar (de)	**kytara** (ž)	[kɪtara]
viool (de)	**housle** (ž mn)	[houslɛ]
cello (de)	**violoncello** (s)	[vɪolonʧelo]
contrabas (de)	**basa** (ž)	[basa]
harp (de)	**harfa** (ž)	[harfa]

piano (de)	**pianino** (s)	[pɪanɪno]
vleugel (de)	**klavír** (m)	[klaviːr]
orgel (het)	**varhany** (ž mn)	[varhanɪ]

blaasinstrumenten (mv.)	**dechové nástroje** (m mn)	[dɛxovɛː naːstrojɛ]
hobo (de)	**hoboj** (m)	[hoboj]
saxofoon (de)	**saxofon** (m)	[saksofon]
klarinet (de)	**klarinet** (m)	[klarɪnɛt]
fluit (de)	**flétna** (ž)	[flɛːtna]
trompet (de)	**trubka** (ž)	[trupka]

accordeon (de/het)	**akordeon** (m)	[akordɛon]
trommel (de)	**buben** (m)	[bubɛn]
duet (het)	**duo** (s)	[duo]

trio (het)	trio (s)	[trɪo]
kwartet (het)	kvarteto (s)	[kvartɛto]
koor (het)	sbor (m)	[zbor]
orkest (het)	orchestr (m)	[orxɛstr]

popmuziek (de)	populární hudba (ž)	[popula:rni: hudba]
rockmuziek (de)	rocková hudba (ž)	[rokova: hudba]
rockgroep (de)	roková kapela (ž)	[rokova: kapɛla]
jazz (de)	jazz (m)	[dʒɛs]

idool (het)	idol (m)	[ɪdol]
bewonderaar (de)	ctitel (m)	[tstɪtɛl]

concert (het)	koncert (m)	[kontsɛrt]
symfonie (de)	symfonie (ž)	[sɪmfonɪe]
compositie (de)	skladba (ž)	[skladba]
componeren (muziek ~)	složit	[sloʒɪt]

zang (de)	zpěv (m)	[spef]
lied (het)	píseň (ž)	[pi:sɛnʲ]
melodie (de)	melodie (ž)	[mɛlodɪe]
ritme (het)	rytmus (m)	[rɪtmus]
blues (de)	blues (s)	[blu:s]

bladmuziek (de)	noty (ž mn)	[notɪ]
dirigeerstok (baton)	taktovka (ž)	[taktofka]
strijkstok (de)	smyčec (m)	[smɪtʃɛts]
snaar (de)	struna (ž)	[struna]
koffer (de)	pouzdro (s)	[pouzdro]

Rusten. Entertainment. Reizen

130. Trip. Reizen

toerisme (het)	turistika (ž)	[turɪstɪka]
toerist (de)	turista (m)	[turɪsta]
reis (de)	cestování (s)	[tsɛstovaːniː]
avontuur (het)	příhoda (ž)	[prʃiːhoda]
tocht (de)	cesta (ž)	[tsɛsta]
vakantie (de)	dovolená (ž)	[dovolɛnaː]
met vakantie zijn	mít dovolenou	[miːt dovolɛnou]
rust (de)	odpočinek (m)	[otpoʧɪnɛk]
trein (de)	vlak (m)	[vlak]
met de trein	vlakem	[vlakɛm]
vliegtuig (het)	letadlo (s)	[lɛtadlo]
met het vliegtuig	letadlem	[lɛtadlɛm]
met de auto	autem	[autɛm]
per schip (bw)	lodí	[lodiː]
bagage (de)	zavazadla (s mn)	[zavazadla]
valies (de)	kufr (m)	[kufr]
bagagekarretje (het)	vozík (m) na zavazadla	[voziːk na zavazadla]
paspoort (het)	pas (m)	[pas]
visum (het)	vízum (s)	[viːzum]
kaartje (het)	jízdenka (ž)	[jiːzdɛŋka]
vliegticket (het)	letenka (ž)	[lɛtɛŋka]
reisgids (de)	průvodce (m)	[pruːvodtsɛ]
kaart (de)	mapa (ž)	[mapa]
gebied (landelijk ~)	krajina (ž)	[krajɪna]
plaats (de)	místo (s)	[miːsto]
exotische bestemming (de)	exotika (ž)	[ɛgzotɪka]
exotisch (bn)	exotický	[ɛgzotɪtski:]
verwonderlijk (bn)	podivuhodný	[podɪvuhodni:]
groep (de)	skupina (ž)	[skupɪna]
rondleiding (de)	výlet (m)	[viːlɛt]
gids (de)	průvodce (m)	[pruːvodtsɛ]

131. Hotel

hotel (het)	hotel (m)	[hotɛl]
motel (het)	motel (m)	[motɛl]
3-sterren	tři hvězdy	[trʃɪ hvezdɪ]

| 5-sterren | pět hvězd | [pet hvɛzt] |
| overnachten (ww) | ubytovat se | [ubɪtovat sɛ] |

kamer (de)	pokoj (m)	[pokoj]
eenpersoonskamer (de)	jednolůžkový pokoj (m)	[jɛdnolu:ʃkovi: pokoj]
tweepersoonskamer (de)	dvoulůžkový pokoj (m)	[dvoulu:ʃkovi: pokoj]
een kamer reserveren	rezervovat pokoj	[rɛzɛrvovat pokoj]

| halfpension (het) | polopenze (ž) | [polopɛnzɛ] |
| volpension (het) | plná penze (ž) | [plna: pɛnzɛ] |

met badkamer	s koupelnou	[s koupɛlnou]
met douche	se sprchou	[sɛ sprxou]
satelliet-tv (de)	satelitní televize (ž)	[satɛlɪtni: tɛlɛvɪzɛ]
airconditioner (de)	klimatizátor (m)	[klɪmatɪza:tor]
handdoek (de)	ručník (m)	[ruʧni:k]
sleutel (de)	klíč (m)	[kli:ʧ]

administrateur (de)	recepční (m)	[rɛtsɛptʃni:]
kamermeisje (het)	pokojská (ž)	[pokojska:]
piccolo (de)	nosič (m)	[nosɪʧ]
portier (de)	vrátný (m)	[vra:tni:]

restaurant (het)	restaurace (ž)	[rɛstauratsɛ]
bar (de)	bar (m)	[bar]
ontbijt (het)	snídaně (ž)	[sni:danɛ]
avondeten (het)	večeře (ž)	[vɛʧɛrʒɛ]
buffet (het)	obložený stůl (m)	[obloʒeni: stu:l]

| hal (de) | vstupní hala (ž) | [vstupni: hala] |
| lift (de) | výtah (m) | [vi:tax] |

| NIET STOREN | NERUŠIT | [nɛruʃɪt] |
| VERBODEN TE ROKEN! | ZÁKAZ KOUŘENÍ | [za:kaz kourʒɛni:] |

132. Boeken. Lezen

boek (het)	kniha (ž)	[knɪha]
auteur (de)	autor (m)	[autor]
schrijver (de)	spisovatel (m)	[spɪsovatɛl]
schrijven (een boek)	napsat	[napsat]

lezer (de)	čtenář (m)	[ʧtɛna·rʃ]
lezen (ww)	číst	[ʧi:st]
lezen (het)	četba (ž)	[ʧɛtba]

| stil (~ lezen) | pro sebe | [pro sɛbɛ] |
| hardop (~ lezen) | nahlas | [nahlas] |

uitgeven (boek ~)	vydávat	[vɪda:vat]
uitgeven (het)	vydání (s)	[vɪda:ni:]
uitgever (de)	vydavatel (m)	[vɪdavatɛl]
uitgeverij (de)	nakladatelství (s)	[nakladatɛlstvi:]
verschijnen (bijv. boek)	vyjít	[vɪji:t]

121

| verschijnen (het) | vydání (s) | [vɪda:ni:] |
| oplage (de) | náklad (m) | [na:klat] |

| boekhandel (de) | knihkupectví (s) | [knɪxkupɛtstvi:] |
| bibliotheek (de) | knihovna (ž) | [knɪhovna] |

novelle (de)	novela (ž)	[novɛla]
verhaal (het)	povídka (ž)	[povi:tka]
roman (de)	román (m)	[roma:n]
detectiveroman (de)	detektivka (ž)	[dɛtɛktɪfka]

memoires (mv.)	paměti (ž mn)	[pamnetɪ]
legende (de)	legenda (ž)	[lɛgɛnda]
mythe (de)	mýtus (m)	[mi:tus]

gedichten (mv.)	básně (ž mn)	[ba:sne]
autobiografie (de)	vlastní životopis (m)	[vlastni: ʒɪvotopɪs]
bloemlezing (de)	výbor (m) z díla	[vi:bor z di:la]
sciencefiction (de)	fantastika (ž)	[fantastɪka]

naam (de)	název (m)	[na:zɛf]
inleiding (de)	úvod (m)	[u:vot]
voorblad (het)	titulní list (m)	[tɪtulni: lɪst]

hoofdstuk (het)	kapitola (ž)	[kapɪtola]
fragment (het)	úryvek (m)	[u:rɪvɛk]
episode (de)	epizoda (ž)	[ɛpɪzoda]

intrige (de)	námět (m)	[na:mnet]
inhoud (de)	obsah (m)	[opsax]
inhoudsopgave (de)	obsah (m)	[opsax]
hoofdpersonage (het)	hlavní hrdina (m)	[hlavni: hrdɪna]

boekdeel (het)	svazek (m)	[svazɛk]
omslag (de/het)	obálka (ž)	[oba:lka]
boekband (de)	vazba (ž)	[vazba]
bladwijzer (de)	záložka (ž)	[za:loʃka]

pagina (de)	stránka (ž)	[stra:ŋka]
bladeren (ww)	listovat	[lɪstovat]
marges (mv.)	okraj (m)	[okraj]
annotatie (de)	poznámka (ž) na okraj	[pozna:mka na okraj]
opmerking (de)	poznámka (ž)	[pozna:mka]

tekst (de)	text (m)	[tɛkst]
lettertype (het)	písmo (s)	[pi:smo]
drukfout (de)	chyba (ž) tisku	[xɪba tɪsku]

vertaling (de)	překlad (m)	[prʃɛklat]
vertalen (ww)	překládat	[prʃɛkla:dat]
origineel (het)	originál (m)	[orɪgɪna:l]

beroemd (bn)	slavný	[slavni:]
onbekend (bn)	neznámý	[nɛzna:mi:]
interessant (bn)	zajímavý	[zaji:mavi:]
bestseller (de)	bestseller (m)	[bɛstsɛlɛr]

woordenboek (het)	slovník (m)	[slovni:k]
leerboek (het)	učebnice (ž)	[utʃɛbnɪtsɛ]
encyclopedie (de)	encyklopedie (ž)	[ɛntsɪklopɛdɪe]

133. Jacht. Vissen

jacht (de)	lov (m)	[lof]
jagen (ww)	lovit	[lovɪt]
jager (de)	lovec (m)	[lovɛts]

schieten (ww)	střílet	[strʃi:lɛt]
geweer (het)	puška (ž)	[puʃka]
patroon (de)	náboj (m)	[na:boj]
hagel (de)	broky (m mn)	[brokɪ]

val (de)	past (ž)	[past]
valstrik (de)	léčka (ž)	[lɛ:tʃka]
een val zetten	líčit past	[li:tʃɪt past]
stroper (de)	pytlák (m)	[pɪtla:k]
wild (het)	zvěřina (ž)	[zverʒɪna]
jachthond (de)	lovecký pes (m)	[lovɛtski: pɛs]
safari (de)	safari (s)	[safarɪ]
opgezet dier (het)	vycpané zvíře (s)	[vɪtspanɛ: zvi:rʒɛ]

visser (de)	rybář (m)	[rɪba:rʃ]
visvangst (de)	rybaření (s)	[rɪbarʒɛni:]
vissen (ww)	lovit ryby	[lovɪt rɪbɪ]
hengel (de)	udice (ž)	[udɪtsɛ]
vislijn (de)	vlas (m)	[vlas]
haak (de)	háček (m)	[ha:tʃɛk]
dobber (de)	splávek (m)	[spla:vɛk]
aas (het)	návnada (ž)	[na:vnada]

de hengel uitwerpen	hodit udici	[hodɪt udɪtsɪ]
bijten (ov. de vissen)	brát	[bra:t]
vangst (de)	úlovek (m)	[u:lovɛk]
wak (het)	otvor (m) v ledu	[otvor v lɛdu]

net (het)	síť (ž)	[si:tʲ]
boot (de)	loďka (ž)	[lotʲka]
vissen met netten	lovit sítí	[lovɪt si:ti:]
het net uitwerpen	házet síť	[ha:zɛt si:tʲ]
het net binnenhalen	vytahovat síť	[vɪtahovat si:tʲ]

walvisvangst (de)	velrybář (m)	[vɛlrɪba:rʃ]
walvisvaarder (de)	velrybářská loď (ž)	[vɛlrɪba:rʃska: lotʲ]
harpoen (de)	harpuna (ž)	[harpuna]

134. Spellen. Biljart

| biljart (het) | kulečník (m) | [kulɛtʃni:k] |
| biljartzaal (de) | kulečníková herna (ž) | [kulɛtʃni:kova: hɛrna] |

123

biljartbal (de)	kulečníková koule (ž)	[kulɛtʃni:kova: koulɛ]
een bal in het gat jagen	strefit se koulí	[strɛfɪt sɛ kouli:]
keu (de)	tágo (s)	[ta:go]
gat (het)	otvor (m) v kulečníku	[otvor v kulɛtʃni:ku]

135. Spellen. Speelkaarten

ruiten (mv.)	kára (s mn)	[ka:ra]
schoppen (mv.)	piky (m mn)	[pɪkɪ]
klaveren (mv.)	srdce (s mn)	[srdtsɛ]
harten (mv.)	kříže (m mn)	[krʃi:ʒe]

aas (de)	eso (s)	[ɛso]
koning (de)	král (m)	[kra:l]
dame (de)	dáma (ž)	[da:ma]
boer (de)	kluk (m)	[kluk]

speelkaart (de)	karta (ž)	[karta]
kaarten (mv.)	karty (ž mn)	[kartɪ]
troef (de)	trumf (m)	[trumf]
pak (het) kaarten	karty (ž mn)	[kartɪ]

uitdelen (kaarten ~)	rozdávat	[rozda:vat]
schudden (de kaarten ~)	míchat	[mi:xat]
beurt (de)	vynášení (s)	[vɪna:ʃɛni:]
valsspeler (de)	falešný hráč (m)	[falɛʃni: hra:tʃ]

136. Rusten. Spellen. Diversen

wandelen (on.ww.)	procházet se	[proxa:zɛt sɛ]
wandeling (de)	procházka (ž)	[proxa:ska]
trip (per auto)	vyjížďka (ž)	[vɪji:ʒtʲka]
avontuur (het)	příhoda (ž)	[prʃi:hoda]
picknick (de)	piknik (m)	[pɪknɪk]

spel (het)	hra (ž)	[hra]
speler (de)	hráč (m)	[hra:tʃ]
partij (de)	partie (ž)	[partɪe]

collectioneur (de)	sběratel (m)	[zberatɛl]
collectioneren (ww)	sbírat	[zbi:rat]
collectie (de)	sbírka (ž)	[zbi:rka]

kruiswoordraadsel (het)	křížovka (ž)	[krʃi:ʒofka]
hippodroom (de)	hipodrom (m)	[hɪpodrom]
discotheek (de)	diskotéka (ž)	[dɪskotɛ:ka]

| sauna (de) | sauna (ž) | [sauna] |
| loterij (de) | loterie (ž) | [lotɛrɪe] |

| trektocht (kampeertocht) | túra (ž) | [tu:ra] |
| kamp (het) | tábor (m) | [ta:bor] |

tent (de)	stan (m)	[stan]
kompas (het)	kompas (m)	[kompas]
rugzaktoerist (de)	turista (m)	[turɪsta]

bekijken (een film ~)	dívat se na ...	[diːvat sɛ na]
kijker (televisie~)	televizní divák (m)	[tɛlɛvɪzni: dɪvaːk]
televisie-uitzending (de)	televizní pořad (m)	[tɛlɛvɪzni: porʒat]

137. Fotografie

| fotocamera (de) | fotoaparát (m) | [fotoaparaːt] |
| foto (de) | fotografie (ž) | [fotɡrafɪe] |

fotograaf (de)	fotograf (m)	[fotograf]
fotostudio (de)	fotografický salón (m)	[fotografɪtski: saloːn]
fotoalbum (het)	fotoalbum (s)	[fotoalbum]

lens (de), objectief (het)	objektiv (m)	[objɛktɪf]
telelens (de)	teleobjektiv (m)	[tɛlɛobjɛktɪf]
filter (de/het)	filtr (m)	[fɪltr]
lens (de)	čočka (ž)	[tʃotʃka]

optiek (de)	optika (ž)	[optɪka]
diafragma (het)	clona (ž)	[tslona]
belichtingstijd (de)	expozice (ž)	[ɛkspozɪtsɛ]
zoeker (de)	hledáček (m)	[hlɛdaːtʃɛk]

digitale camera (de)	digitální kamera (ž)	[dɪgɪtaːlni: kamɛra]
statief (het)	stativ (m)	[statɪf]
flits (de)	blesk (m)	[blɛsk]
fotograferen (ww)	fotografovat	[fotografovat]
foto's maken	fotografovat	[fotografovat]
zich laten fotograferen	fotografovat se	[fotografovat sɛ]

focus (de)	ostrost (ž)	[ostrost]
scherpstellen (ww)	zaostřovat	[zaostrʃovat]
scherp (bn)	ostrý	[ostriː]
scherpte (de)	ostrost (ž)	[ostrost]

| contrast (het) | kontrast (m) | [kontrast] |
| contrastrijk (bn) | kontrastní | [kontrastniː] |

kiekje (het)	snímek (m)	[sniːmɛk]
negatief (het)	negativ (m)	[nɛgatɪf]
filmpje (het)	film (m)	[fɪlm]
beeld (frame)	záběr (m)	[zaːber]
afdrukken (foto's ~)	tisknout	[tɪsknout]

138. Strand. Zwemmen

| strand (het) | pláž (ž) | [plaːʃ] |
| zand (het) | písek (m) | [piːsɛk] |

leeg (~ strand)	pustý	[pusti:]
bruine kleur (de)	opálení (s)	[opa:lɛni:]
zonnebaden (ww)	opalovat se	[opalovat sɛ]
gebruind (bn)	opálený	[opa:lɛni:]
zonnecrème (de)	krém (m) na opalování	[krɛ:m na opalova:ni:]

bikini (de)	bikiny (mn)	[bɪkɪnɪ]
badpak (het)	dámské plavky (ž mn)	[damske plafkɪ]
zwembroek (de)	plavky (ž mn)	[plafkɪ]

zwembad (het)	bazén (m)	[bazɛ:n]
zwemmen (ww)	plavat	[plavat]
douche (de)	sprcha (ž)	[sprxa]
zich omkleden (ww)	převlékat se	[prʃɛvlɛ:kat sɛ]
handdoek (de)	ručník (m)	[rutʃni:k]

| boot (de) | loďka (ž) | [lotʲka] |
| motorboot (de) | motorový člun (m) | [motorovi: tʃlun] |

waterski's (mv.)	vodní lyže (ž mn)	[vodni: lɪʒe]
waterfiets (de)	vodní bicykl (m)	[vodni: bɪtsɪkl]
surfen (het)	surfování (s)	[surfova:ni:]
surfer (de)	surfař (m)	[surfarʃ]

scuba, aqualong (de)	potápěčský dýchací přístroj (m)	[pota:petʃski: di:xatsi: prʃi:stroj]
zwemvliezen (mv.)	ploutve (ž mn)	[ploutvɛ]
duikmasker (het)	maska (ž)	[maska]
duiker (de)	potápěč (m)	[pota:petʃ]
duiken (ww)	potápět se	[pota:pet sɛ]
onder water (bw)	pod vodou	[pod vodou]

parasol (de)	slunečník (m)	[slunɛtʃni:k]
ligstoel (de)	rozkládací lehátko (s)	[roskla:datsi: lɛha:tko]
zonnebril (de)	sluneční brýle (mn)	[slunɛtʃni: bri:lɛ]
luchtmatras (de/het)	nafukovací matrace (ž)	[nafukovatsi: matratsɛ]

| spelen (ww) | hrát | [hra:t] |
| gaan zwemmen (ww) | koupat se | [koupat sɛ] |

bal (de)	míč (m)	[mi:tʃ]
opblazen (oppompen)	nafukovat	[nafukovat]
lucht-, opblaasbare (bn)	nafukovací	[nafukovatsi:]

golf (hoge ~)	vlna (ž)	[vlna]
boei (de)	bóje (ž)	[bo:jɛ]
verdrinken (ww)	topit se	[topɪt sɛ]

redden (ww)	zachraňovat	[zaxranʲovat]
reddingsvest (de)	záchranná vesta (ž)	[za:xranna: vɛsta]
waarnemen (ww)	pozorovat	[pozorovat]
redder (de)	záchranář (m)	[za:xrana:rʃ]

TECHNISCHE APPARATUUR. VERVOER

Technische apparatuur

139. Computer

computer (de)	počítač (m)	[potʃi:tatʃ]
laptop (de)	notebook (m)	[noutbu:k]
aanzetten (ww)	zapnout	[zapnout]
uitzetten (ww)	vypnout	[vɪpnout]
toetsenbord (het)	klávesnice (ž)	[kla:vɛsnɪtsɛ]
toets (enter~)	klávesa (ž)	[kla:vɛsa]
muis (de)	myš (ž)	[mɪʃ]
muismat (de)	podložka (ž) pro myš	[podloʃka pro mɪʃ]
knopje (het)	tlačítko (s)	[tlatʃi:tko]
cursor (de)	kurzor (m)	[kurzor]
monitor (de)	monitor (m)	[monɪtor]
scherm (het)	obrazovka (ž)	[obrazofka]
harde schijf (de)	pevný disk (m)	[pɛvni: dɪsk]
volume (het)	rozměr (m) disku	[rozmner dɪsku]
van de harde schijf		
geheugen (het)	paměť (ž)	[pamnetʲ]
RAM-geheugen (het)	operační paměť (ž)	[opɛratʃni: pamnetʲ]
bestand (het)	soubor (m)	[soubor]
folder (de)	složka (ž)	[sloʃka]
openen (ww)	otevřít	[otɛvrʒi:t]
sluiten (ww)	zavřít	[zavrʒi:t]
opslaan (ww)	uložit	[uloʒɪt]
verwijderen (wissen)	vymazat	[vɪmazat]
kopiëren (ww)	zkopírovat	[skopi:rovat]
sorteren (ww)	uspořádat	[usporʒa:dat]
overplaatsen (ww)	zkopírovat	[skopi:rovat]
programma (het)	program (m)	[program]
software (de)	programové vybavení (s)	[programovɛ: vɪbavɛni:]
programmeur (de)	programátor (m)	[programa:tor]
programmeren (ww)	programovat	[programovat]
hacker (computerkraker)	hacker (m)	[hɛkr]
wachtwoord (het)	heslo (s)	[hɛslo]
virus (het)	virus (m)	[vɪrus]
ontdekken (virus ~)	zjistit	[zjɪstɪt]

| byte (de) | byte (m) | [bajt] |
| megabyte (de) | megabyte (m) | [mɛgabajt] |

| data (de) | data (s mn) | [data] |
| databank (de) | databáze (ž) | [databa:zɛ] |

kabel (USB-~, enz.)	kabel (m)	[kabɛl]
afsluiten (ww)	odpojit	[otpojɪt]
aansluiten op (ww)	připojit	[prʃɪpojɪt]

140. Internet. E-mail

internet (het)	internet (m)	[ɪntɛrnɛt]
browser (de)	prohlížeč (m)	[prohli:ʒetʃ]
zoekmachine (de)	vyhledávací zdroj (m)	[vɪhlɛda:vatsi: zdroj]
internetprovider (de)	dodavatel (m)	[dodavatɛl]

webmaster (de)	web-master (m)	[vɛb-mastɛr]
website (de)	webové stránky (ž mn)	[vɛbovɛ: stra:ŋkɪ]
webpagina (de)	webová stránka (ž)	[vɛbova: stra:ŋka]

| adres (het) | adresa (ž) | [adrɛsa] |
| adresboek (het) | adresář (m) | [adrɛsa:rʃ] |

| postvak (het) | e-mailová schránka (ž) | [i:mɛjlova: sxra:ŋka] |
| post (de) | pošta (ž) | [poʃta] |

bericht (het)	zpráva (ž)	[spra:va]
verzender (de)	odesílatel (m)	[odɛsi:latɛl]
verzenden (ww)	odeslat	[odɛslat]
verzending (de)	odeslání (s)	[odɛsla:ni:]

| ontvanger (de) | příjemce (m) | [prʃi:jɛmtsɛ] |
| ontvangen (ww) | dostat | [dostat] |

| correspondentie (de) | korespondence (ž) | [korɛspondɛntsɛ] |
| corresponderen (met ...) | korespondovat | [korɛspondovat] |

bestand (het)	soubor (m)	[soubor]
downloaden (ww)	stáhnout	[sta:hnout]
creëren (ww)	vytvořit	[vɪtvorʒɪt]
verwijderen (een bestand ~)	vymazat	[vɪmazat]
verwijderd (bn)	vymazaný	[vɪmazani:]

verbinding (de)	spojení (s)	[spojɛni:]
snelheid (de)	rychlost (ž)	[rɪxlost]
modem (de)	modem (m)	[modɛm]
toegang (de)	přístup (m)	[prʃi:stup]
poort (de)	port (m)	[port]

aansluiting (de)	připojení (s)	[prʃɪpojɛni:]
zich aansluiten (ww)	připojit se	[prʃɪpojɪt sɛ]
selecteren (ww)	vybrat	[vɪbrat]
zoeken (ww)	hledat	[hlɛdat]

Vervoer

141. Vliegtuig

vliegtuig (het)	letadlo (s)	[lɛtadlo]
vliegticket (het)	letenka (ž)	[lɛtɛŋka]
luchtvaartmaatschappij (de)	letecká společnost (ž)	[lɛtɛtska: spolɛtʃnost]
luchthaven (de)	letiště (s)	[lɛtɪʃtɛ]
supersonisch (bn)	nadzvukový	[nadzvukovi:]
gezagvoerder (de)	velitel (m) posádky	[vɛlɪtɛl posa:tkɪ]
bemanning (de)	posádka (ž)	[posa:tka]
piloot (de)	pilot (m)	[pɪlot]
stewardess (de)	letuška (ž)	[lɛtuʃka]
stuurman (de)	navigátor (m)	[navɪga:tor]
vleugels (mv.)	křídla (s mn)	[krʃi:dla]
staart (de)	ocas (m)	[otsas]
cabine (de)	kabina (ž)	[kabɪna]
motor (de)	motor (m)	[motor]
landingsgestel (het)	podvozek (m)	[podvozɛk]
turbine (de)	turbína (ž)	[turbi:na]
propeller (de)	vrtule (ž)	[vrtulɛ]
zwarte doos (de)	černá skříňka (ž)	[tʃɛrna: skrʃi:nʲka]
stuur (het)	řídicí páka (ž)	[rʒi:dɪtsi: pa:ka]
brandstof (de)	palivo (s)	[palɪvo]
veiligheidskaart (de)	předpis (m)	[prʃɛtpɪs]
zuurstofmasker (het)	kyslíková maska (ž)	[kɪsli:kova: maska]
uniform (het)	uniforma (ž)	[unɪforma]
reddingsvest (de)	záchranná vesta (ž)	[za:xranna: vɛsta]
parachute (de)	padák (m)	[pada:k]
opstijgen (het)	start (m) letadla	[start lɛtadla]
opstijgen (ww)	vzlétat	[vzlɛ:tat]
startbaan (de)	rozjezdová dráha (ž)	[rozjɛzdova: dra:ha]
zicht (het)	viditelnost (ž)	[vɪdɪtɛlnost]
vlucht (de)	let (m)	[lɛt]
hoogte (de)	výška (ž)	[vi:ʃka]
luchtzak (de)	vzdušná jáma (ž)	[vzduʃna: jama]
plaats (de)	místo (s)	[mi:sto]
koptelefoon (de)	sluchátka (s mn)	[sluxa:tka]
tafeltje (het)	odklápěcí stolek (m)	[otkla:pɛtsi: stolɛk]
venster (het)	okénko (s)	[okɛ:ŋko]
gangpad (het)	chodba (ž)	[xodba]

129

142. Trein

trein (de)	vlak (m)	[vlak]
elektrische trein (de)	elektrický vlak (m)	[ɛlɛktrɪʦki: vlak]
sneltrein (de)	rychlík (m)	[rɪxli:k]
diesellocomotief (de)	motorová lokomotiva (ž)	[motorova: lokomotɪva]
stoomlocomotief (de)	parní lokomotiva (ž)	[parni: lokomotɪva]
rijtuig (het)	vůz (m)	[vu:z]
restauratierijtuig (het)	jídelní vůz (m)	[ji:dɛlni: vu:z]
rails (mv.)	koleje (ž mn)	[kolɛjɛ]
spoorweg (de)	železnice (ž mn)	[ʒelɛznɪʦɛ]
dwarsligger (de)	pražec (m)	[praʒeʦ]
perron (het)	nástupiště (s)	[na:stupɪʃtɛ]
spoor (het)	kolej (ž)	[kolɛj]
semafoor (de)	návěstidlo (s)	[na:vestɪdlo]
halte (bijv. kleine treinhalte)	stanice (ž)	[stanɪʦɛ]
machinist (de)	strojvůdce (m)	[strojvu:dʦɛ]
kruier (de)	nosič (m)	[nosɪʧ]
conducteur (de)	průvodčí (m)	[pru:vodʧi:]
passagier (de)	cestující (m)	[ʦɛstuji:ʦi:]
controleur (de)	revizor (m)	[rɛvɪzor]
gang (in een trein)	chodba (ž)	[xodba]
noodrem (de)	záchranná brzda (ž)	[za:xranna: brzda]
coupé (de)	oddělení (s)	[oddɛlɛni:]
bed (slaapplaats)	lůžko (s)	[lu:ʃko]
bovenste bed (het)	horní lůžko (s)	[horni: lu:ʃko]
onderste bed (het)	dolní lůžko (s)	[dolni: lu:ʃko]
beddengoed (het)	lůžkoviny (ž mn)	[lu:ʃkovɪnɪ]
kaartje (het)	jízdenka (ž)	[ji:zdɛŋka]
dienstregeling (de)	jízdní řád (m)	[ji:zdni: rʒa:t]
informatiebord (het)	tabule (ž)	[tabulɛ]
vertrekken (De trein vertrekt ...)	odjíždět	[odji:ʒdet]
vertrek (ov. een trein)	odjezd (m)	[odjɛst]
aankomen (ov. de treinen)	přijíždět	[prʃɪji:ʒdet]
aankomst (de)	příjezd (m)	[prʃi:jɛst]
aankomen per trein	přijet vlakem	[prʃɪɛt vlakɛm]
in de trein stappen	nastoupit do vlaku	[nastoupɪt do vlaku]
uit de trein stappen	vystoupit z vlaku	[vɪstoupɪt z vlaku]
treinwrak (het)	železniční neštěstí (s)	[ʒelɛznɪʧni: nɛʃtesti:]
stoomlocomotief (de)	parní lokomotiva (ž)	[parni: lokomotɪva]
stoker (de)	topič (m)	[topɪʧ]
stookplaats (de)	topeniště (s)	[topɛnɪʃtɛ]
steenkool (de)	uhlí (s)	[uhli:]

143. Schip

schip (het)	loď (ž)	[loťʲ]
vaartuig (het)	loď (ž)	[loťʲ]
stoomboot (de)	parník (m)	[parniːk]
motorschip (het)	říční loď (ž)	[riʧni loťʲ]
lijnschip (het)	linková loď (ž)	[lɪŋkova: loťʲ]
kruiser (de)	křižník (m)	[krʒɪʒniːk]
jacht (het)	jachta (ž)	[jaxta]
sleepboot (de)	vlek (m)	[vlɛk]
duwbak (de)	vlečná nákladní loď (ž)	[vlɛʧna: naːkladni: loťʲ]
ferryboot (de)	prám (m)	[praːm]
zeilboot (de)	plachetnice (ž)	[plaxɛtnɪtsɛ]
brigantijn (de)	brigantina (ž)	[brɪganti:na]
ijsbreker (de)	ledoborec (m)	[lɛdoborɛts]
duikboot (de)	ponorka (ž)	[ponorka]
boot (de)	loďka (ž)	[loťʲka]
sloep (de)	člun (m)	[ʧlun]
reddingssloep (de)	záchranný člun (m)	[za:xranni: ʧlun]
motorboot (de)	motorový člun (m)	[motorovi: ʧlun]
kapitein (de)	kapitán (m)	[kapɪta:n]
zeeman (de)	námořník (m)	[na:morʒni:k]
matroos (de)	námořník (m)	[na:morʒni:k]
bemanning (de)	posádka (ž)	[posa:tka]
bootsman (de)	loďmistr (m)	[loďʲmɪstr]
scheepsjongen (de)	plavčík (m)	[plavʧi:k]
kok (de)	lodní kuchař (m)	[lodni: kuxarʃ]
scheepsarts (de)	lodní lékař (m)	[lodni: lɛ:karʃ]
dek (het)	paluba (ž)	[paluba]
mast (de)	stěžeň (m)	[stɛʒenʲ]
zeil (het)	plachta (ž)	[plaxta]
ruim (het)	podpalubí (s)	[potpalubi:]
voorsteven (de)	příď (ž)	[prʃi:ťʲ]
achtersteven (de)	záď (ž)	[za:ťʲ]
roeispaan (de)	veslo (s)	[vɛslo]
schroef (de)	lodní šroub (m)	[lodni: ʃroup]
kajuit (de)	kajuta (ž)	[kajuta]
officierskamer (de)	společenská místnost (ž)	[spolɛʧɛnska: mi:stnost]
machinekamer (de)	strojovna (ž)	[strojovna]
brug (de)	kapitánský můstek (m)	[kapɪta:nski: mu:stɛk]
radiokamer (de)	rádiová kabina (ž)	[ra:dɪova: kabɪna]
radiogolf (de)	vlna (ž)	[vlna]
logboek (het)	lodní deník (m)	[lodni: dɛni:k]
verrekijker (de)	dalekohled (m)	[dalɛkohlet]
klok (de)	zvon (m)	[zvon]

vlag (de)	vlajka (ž)	[vlajka]
kabel (de)	lano (s)	[lano]
knoop (de)	uzel (m)	[uzɛl]

| leuning (de) | zábradlí (s) | [za:bradli:] |
| trap (de) | schůdky (m mn) | [sxu:tkɪ] |

anker (het)	kotva (ž)	[kotva]
het anker lichten	zvednout kotvy	[zvɛdnout kotvɪ]
het anker neerlaten	spustit kotvy	[spustɪt kotvɪ]
ankerketting (de)	kotevní řetěz (m)	[kotɛvni: rʒɛtez]

haven (bijv. containerhaven)	přístav (m)	[prʃi:staf]
kaai (de)	přístaviště (s)	[prʃi:stavɪʃte]
aanleggen (ww)	přistávat	[prʃista:vat]
wegvaren (ww)	vyplouvat	[vɪplouvat]

reis (de)	cestování (s)	[tsɛstova:ni:]
cruise (de)	výletní plavba (ž)	[vi:letni: plavba]
koers (de)	kurz (m)	[kurs]
route (de)	trasa (ž)	[trasa]

vaarwater (het)	plavební dráha (ž)	[plavɛbni: dra:ha]
zandbank (de)	mělčina (ž)	[mneltʃɪna]
stranden (ww)	najet na mělčinu	[najɛt na mneltʃɪnu]

storm (de)	bouřka (ž)	[bourʃka]
signaal (het)	signál (m)	[sɪgna:l]
zinken (ov. een boot)	potápět se	[pota:pet sɛ]
SOS (noodsignaal)	SOS	[ɛs o: ɛs]
reddingsboei (de)	záchranný kruh (m)	[za:xranni: krux]

144. Vliegveld

luchthaven (de)	letiště (s)	[lɛtɪʃte]
vliegtuig (het)	letadlo (s)	[lɛtadlo]
luchtvaartmaatschappij (de)	letecká společnost (ž)	[lɛtɛtska: spolɛtʃnost]
luchtverkeersleider (de)	dispečer (m)	[dɪspɛtʃɛr]

vertrek (het)	odlet (m)	[odlɛt]
aankomst (de)	přílet (m)	[prʃi:lɛt]
aankomen (per vliegtuig)	přiletět	[prʃɪlɛtet]

| vertrektijd (de) | čas (m) odletu | [tʃas odlɛtu] |
| aankomstuur (het) | čas (m) příletu | [tʃas prʃilɛtu] |

| vertraagd zijn (ww) | mít zpoždění | [mi:t spoʒdɛni:] |
| vluchtvertraging (de) | zpoždění (s) odletu | [spoʒdeni: odlɛtu] |

informatiebord (het)	informační tabule (ž)	[ɪnformatʃni: tabulɛ]
informatie (de)	informace (ž)	[ɪnformatsɛ]
aankondigen (ww)	hlásit	[hla:sɪt]
vlucht (bijv. KLM ~)	let (m)	[lɛt]
douane (de)	celnice (ž)	[tsɛlnɪtsɛ]

douanier (de)	celník (m)	[ʦɛlniːk]
douaneaangifte (de)	prohlášení (s)	[prohlaːʃɛniː]
een douaneaangifte invullen	vyplnit prohlášení	[vɪplnɪt prohlaːʃɛniː]
paspoortcontrole (de)	pasová kontrola (ž)	[pasova: kontrola]

bagage (de)	zavazadla (s mn)	[zavazadla]
handbagage (de)	příruční zavazadlo (s)	[prʃiːrutʃniː zavazadlo]
bagagekarretje (het)	vozík (m) na zavazadla	[vozi:k na zavazadla]

landing (de)	přistání (s)	[prʃɪsta:niː]
landingsbaan (de)	přistávací dráha (ž)	[prʃɪsta:vaʦi: dra:ha]
landen (ww)	přistávat	[prʃɪsta:vat]
vliegtuigtrap (de)	pojízdné schůdky (m mn)	[poji:zdnɛ: sxu:tkɪ]

inchecken (het)	registrace (ž)	[rɛgɪstraʦɛ]
incheckbalie (de)	přepážka (ž) registrace	[prʃɛpa:ʃka rɛgɪstraʦɛ]
inchecken (ww)	zaregistrovat se	[zarɛgɪstrovat sɛ]
instapkaart (de)	palubní lístek (m)	[palubni: li:stɛk]
gate (de)	příchod (m) k nástupu	[prʃi:xot k na:stupu]

transit (de)	tranzit (m)	[tranzɪt]
wachten (ww)	čekat	[ʧɛkat]
wachtzaal (de)	čekárna (ž)	[ʧɛka:rna]
begeleiden (uitwuiven)	doprovázet	[doprova:zɛt]
afscheid nemen (ww)	loučit se	[loutʃɪt sɛ]

145. Fiets. Motorfiets

fiets (de)	kolo (s)	[kolo]
bromfiets (de)	skútr (m)	[sku:tr]
motorfiets (de)	motocykl (m)	[mototsɪkl]

met de fiets rijden	jet na kole	[jɛt na kolɛ]
stuur (het)	řídítka (s mn)	[rʒi:di:tka]
pedaal (de/het)	pedál (m)	[pɛda:l]
remmen (mv.)	brzdy (ž mn)	[brzdɪ]
fietszadel (de/het)	sedlo (s)	[sɛdlo]

pomp (de)	pumpa (ž)	[pumpa]
bagagedrager (de)	nosič (m)	[nosɪʧ]
fietslicht (het)	světlo (s)	[svetlo]
helm (de)	helma (ž)	[hɛlma]

wiel (het)	kolo (s)	[kolo]
spatbord (het)	blatník (m)	[blatni:k]
velg (de)	věnec (m)	[venɛʦ]
spaak (de)	paprsek (m)	[paprsɛk]

Auto's

146. Soorten auto's

auto (de)	auto (s)	[auto]
sportauto (de)	sportovní auto (s)	[sportovni: auto]
limousine (de)	limuzína (ž)	[lɪmuzi:na]
terreinwagen (de)	terénní vozidlo (s)	[tɛrɛ:nni: vozɪdlo]
cabriolet (de)	kabriolet (m)	[kabrɪolɛt]
minibus (de)	mikrobus (m)	[mɪkrobus]
ambulance (de)	sanitka (ž)	[sanɪtka]
sneeuwruimer (de)	sněžný pluh (m)	[sneʒni: plux]
vrachtwagen (de)	náklaďák (m)	[na:klaɟa:k]
tankwagen (de)	cisterna (ž)	[tsɪstɛrna]
bestelwagen (de)	dodávka (ž)	[doda:fka]
trekker (de)	tahač (m)	[tahatʃ]
aanhangwagen (de)	přívěs (m)	[prʃi:ves]
comfortabel (bn)	komfortní	[komfortni:]
tweedehands (bn)	ojetý	[oeti:]

147. Auto's. Carrosserie

motorkap (de)	kapota (ž)	[kapota]
spatbord (het)	blatník (m)	[blatni:k]
dak (het)	střecha (ž)	[strʃɛxa]
voorruit (de)	ochranné sklo (s)	[oxrannɛ: sklo]
achterruit (de)	zpětné zrcátko (s)	[spetnɛ: zrtsa:tko]
ruitensproeier (de)	ostřikovač (m)	[ostrʃɪkovatʃ]
wisserbladen (mv.)	stírače (m mn)	[sti:ratʃɛ]
zijruit (de)	boční sklo (s)	[botʃni: sklo]
raamlift (de)	stahování okna (s)	[stahova:ni: okna]
antenne (de)	anténa (ž)	[antɛ:na]
zonnedak (het)	střešní okno (s)	[strʃɛʃni: okno]
bumper (de)	nárazník (m)	[na:razni:k]
koffer (de)	kufr (m)	[kufr]
imperiaal (de/het)	nosič (m)	[nosɪtʃ]
portier (het)	dveře (ž mn)	[dvɛrʒɛ]
handvat (het)	klika (ž)	[klɪka]
slot (het)	zámek (m)	[za:mɛk]
nummerplaat (de)	statní poznávací značka (ž)	[statni: pozna:vatsi: znatʃka]
knalpot (de)	tlumič (m)	[tlumɪtʃ]

| benzinetank (de) | nádržka (ž) na benzín | [na:dr∫ka na bɛnzi:n] |
| uitlaatpijp (de) | výfuková trubka (ž) | [vi:fukova: trupka] |

gas (het)	plyn (m)	[plɪn]
pedaal (de/het)	pedál (m)	[pɛda:l]
gaspedaal (de/het)	plynový pedál (m)	[plɪnovi: pɛda:l]

rem (de)	brzda (ž)	[brzda]
rempedaal (de/het)	brzdový pedál (m)	[brzdovi: pɛda:l]
remmen (ww)	brzdit	[brzdɪt]
handrem (de)	parkovací brzda (ž)	[parkovatsi: brzda]

koppeling (de)	spojka (ž)	[spojka]
koppelingspedaal (de/het)	spojkový pedál (m)	[spojkovi: pɛda:l]
koppelingsschijf (de)	spojkový kotouč (m)	[spojkovi: kotout∫]
schokdemper (de)	tlumič (m)	[tlumɪt∫]

wiel (het)	kolo (s)	[kolo]
reservewiel (het)	náhradní kolo (s)	[na:hradni: kolo]
wieldop (de)	poklice (ž)	[poklɪtsɛ]

aandrijfwielen (mv.)	hnací kola (s mn)	[hnatsi: kola]
met voorwielaandrijving	s pohonem předních kol	[s pohonɛm pr∫ɛdni:x kol]
met achterwielaandrijving	s pohonem zadních kol	[s pohonɛm zadni:x kol]
met vierwielaandrijving	s pohonem všech kol	[s pohonɛm v∫ɛx kol]

versnellingsbak (de)	převodová skříň (ž)	[pr∫ɛvodova: skr∫i:nʲ]
automatisch (bn)	samočinný	[samot∫ɪnni:]
mechanisch (bn)	mechanický	[mɛxanɪtski:]
versnellingspook (de)	převodová páka (ž)	[pr∫ɛvodova: pa:ka]

| voorlicht (het) | světlo (s) | [svetlo] |
| voorlichten (mv.) | světla (s mn) | [svetla] |

dimlicht (het)	potkávací světla (s mn)	[potka:vatsi: svetla]
grootlicht (het)	dálková světla (s mn)	[da:lkova: svetla]
stoplicht (het)	brzdová světla (s mn)	[brzdova: svetla]

standlichten (mv.)	obrysová světla (s mn)	[obrɪsova: svetla]
noodverlichting (de)	havarijní světla (s mn)	[havarɪjni: svetla]
mistlichten (mv.)	mlhovky (ž mn)	[mlhofkɪ]
pinker (de)	směrové světlo (s)	[smnerovɛ: svetlo]
achteruitrijdlicht (het)	zpětné světlo (s)	[spetnɛ svetlo]

148. Auto's. Passagiersruimte

interieur (het)	interiér (m)	[ɪntɛrjɛ:r]
leren (van leer gemaak)	kožený	[koʒeni:]
fluwelen (abn)	velurový	[vɛlurovi:]
bekleding (de)	potah (m)	[potax]

toestel (het)	přístroj (m)	[pr∫i:stroj]
instrumentenbord (het)	přístrojová deska (ž)	[pr∫i:strojova: dɛska]
snelheidsmeter (de)	rychloměr (m)	[rɪxlomner]

pijltje (het)	ručička (ž)	[rutʃɪtʃka]
kilometerteller (de)	počítač (m) kilometrů	[potʃiːtatʃ kɪlomɛtruː]
sensor (de)	snímač (m)	[sniːmatʃ]
niveau (het)	hladina (ž)	[hladɪna]
controlelampje (het)	lampička (ž)	[lampɪtʃka]

stuur (het)	volant (m)	[volant]
toeter (de)	houkačka (ž)	[houkatʃka]
knopje (het)	tlačítko (s)	[tlatʃiːtko]
schakelaar (de)	přepínač (m)	[prʃɛpiːnatʃ]

stoel (bestuurders~)	sedadlo (s)	[sɛdadlo]
rugleuning (de)	opěradlo (m)	[operadlo]
hoofdsteun (de)	podhlavník (m)	[pothlavniːk]
veiligheidsgordel (de)	bezpečnostní pás (m)	[bɛzpɛtʃnostni: paːs]
de gordel aandoen	připásat se	[prʃɪpaːsat sɛ]
regeling (de)	regulování (s)	[rɛgulovaːni:]

airbag (de)	nafukovací vak (m)	[nafukovatsi: vak]
airconditioner (de)	klimatizátor (m)	[klɪmatɪzaːtor]

radio (de)	rádio (s)	[raːdɪo]
CD-speler (de)	CD přehrávač (m)	[tsɛːdɛ: prʃɛhraːvatʃ]
aanzetten (bijv. radio ~)	zapnout	[zapnout]
antenne (de)	anténa (ž)	[antɛːna]
handschoenenkastje (het)	přihrádka (ž)	[prʃɪhraːtka]
asbak (de)	popelník (m)	[popɛlni:k]

149. Auto's. Motor

motor (de)	motor (m)	[motor]
diesel- (abn)	dieselový	[dɪzɪlovi:]
benzine- (~motor)	benzínový	[bɛnzi:novi:]

motorinhoud (de)	obsah (m) motoru	[opsax motoru]
vermogen (het)	výkon (m)	[vi:kon]
paardenkracht (de)	koňská síla (ž)	[konˈska: si:la]
zuiger (de)	píst (m)	[pi:st]
cilinder (de)	cylindr (m)	[tsɪlɪndr]
klep (de)	ventil (m)	[vɛntɪl]

injectie (de)	injektor (m)	[ɪnjɛktor]
generator (de)	generátor (m)	[genera:tor]
carburator (de)	karburátor (m)	[karbura:tor]
motorolie (de)	motorový olej (m)	[motorovi: olɛj]

radiator (de)	chladič (m)	[xladɪtʃ]
koelvloeistof (de)	chladicí kapalina (ž)	[xladɪtsi: kapalɪna]
ventilator (de)	ventilátor (m)	[vɛntɪla:tor]

accu (de)	akumulátor (m)	[akumula:tor]
starter (de)	startér (m)	[startɛ:r]
contact (ontsteking)	zapalování (s)	[zapalova:ni:]
bougie (de)	zapalovací svíčka (ž)	[zapalovatsi: svi:tʃka]

pool (de)	svorka (ž)	[svorka]
positieve pool (de)	plus (m)	[plus]
negatieve pool (de)	minus (m)	[mi:nus]
zekering (de)	pojistka (ž)	[pojɪstka]

luchtfilter (de)	vzduchový filtr (m)	[vzduxovi: fɪltr]
oliefilter (de)	olejový filtr (m)	[olɛjovi: fɪltr]
benzinefilter (de)	palivový filtr (m)	[palɪvovi: fɪltr]

150. Auto's. Botsing. Reparatie

auto-ongeval (het)	havárie (ž)	[hava:rɪe]
verkeersongeluk (het)	dopravní nehoda (ž)	[dopravni: nɛhoda]
aanrijden	narazit	[narazɪt]
(tegen een boom, enz.)		
verongelukken (ww)	rozbít se	[rozbi:t sɛ]
beschadiging (de)	poškození (s)	[poʃkozɛni:]
heelhuids (bn)	celý	[ʦɛli:]

pech (de)	porucha (ž)	[poruxa]
kapot gaan (zijn gebroken)	porouchat se	[porouxat sɛ]
sleeptouw (het)	vlečné lano (s)	[vlɛtʃnɛ: lano]

lek (het)	píchnutí (s)	[pi:xnuti:]
lekke krijgen (band)	splasknout	[splasknout]
oppompen (ww)	nafukovat	[nafukovat]
druk (de)	tlak (m)	[tlak]
checken (ww)	prověřit	[provɛrʒɪt]

reparatie (de)	oprava (ž)	[oprava]
garage (de)	opravna (ž)	[opravna]
wisselstuk (het)	náhradní díl (m)	[na:hradni: di:l]
onderdeel (het)	díl (m)	[di:l]

bout (de)	šroub (m)	[ʃroup]
schroef (de)	šroub (m)	[ʃroup]
moer (de)	matice (ž)	[matɪʦɛ]
sluitring (de)	podložka (ž)	[podloʃka]
kogellager (de/het)	ložisko (s)	[loʒɪsko]

pijp (de)	trubka (ž)	[trupka]
pakking (de)	vložka (ž)	[vloʃka]
kabel (de)	vodič (m)	[vodɪtʃ]

dommekracht (de)	zvedák (m)	[zvɛda:k]
moersleutel (de)	francouzský klíč (m)	[franʦouski: kli:tʃ]
hamer (de)	kladivo (s)	[kladɪvo]
pomp (de)	pumpa (ž)	[pumpa]
schroevendraaier (de)	šroubovák (m)	[ʃroubova:k]

brandblusser (de)	hasicí přístroj (m)	[hasɪʦi: prʃɪ:stroj]
gevarendriehoek (de)	výstražný trojúhelník (ž)	[vi:straʒni: troju:hɛlnik]
afslaan	zhasínat	[zhasi:nat]
(ophouden te werken)		

uitvallen (het)	zastavení (s)	[zastavɛni:]
zijn gebroken	být porouchaný	[bi:t porouxani:]

oververhitten (ww)	přehřát se	[prʃɛhrʒa:t sɛ]
bevriezen (autodeur, enz.)	zamrznout	[zamrznout]
barsten (leidingen, enz.)	puknout	[puknout]

druk (de)	tlak (m)	[tlak]
niveau (bijv. olieniveau)	hladina (ž)	[hladɪna]
slap (de drijfriem is ~)	slabý	[slabi:]

deuk (de)	promáčknutí (s)	[proma:ʧknuti:]
geklop (vreemde geluiden)	klapot (m)	[klapot]
barst (de)	prasklina (ž)	[prasklɪna]
kras (de)	rýha (ž)	[ri:ha]

151. Auto's. Weg

weg (de)	cesta (ž)	[ʦɛsta]
snelweg (de)	dálnice (ž)	[da:lnɪtsɛ]
autoweg (de)	silnice (ž)	[sɪlnɪtsɛ]
richting (de)	směr (m)	[smner]
afstand (de)	vzdálenost (ž)	[vzda:lɛnost]

brug (de)	most (m)	[most]
parking (de)	parkoviště (s)	[parkovɪʃte]
plein (het)	náměstí (s)	[na:mnesti:]
verkeersknooppunt (het)	nadjezd (m)	[nadjɛzt]
tunnel (de)	podjezd (m)	[podjɛzt]

benzinestation (het)	benzínová stanice (ž)	[bɛnzi:nova: stanɪtsɛ]
parking (de)	parkoviště (s)	[parkovɪʃte]
benzinepomp (de)	benzínová pumpa (ž)	[bɛnzi:nova: pumpa]
garage (de)	autoopravna (ž)	[autoopravna]
tanken (ww)	natankovat	[nataŋkovat]
brandstof (de)	palivo (s)	[palɪvo]
jerrycan (de)	kanystr (m)	[kanɪstr]

asfalt (het)	asfalt (m)	[asfalt]
markering (de)	označení (s)	[oznaʧɛni:]
trottoirband (de)	obrubník (m)	[obrubni:k]
geleiderail (de)	ochranné zábradlí (s)	[oxrannɛ za:bradli:]
greppel (de)	příkop (m)	[prʃi:kop]
vluchtstrook (de)	krajnice (ž)	[krajnɪtsɛ]
lichtmast (de)	sloup (m)	[sloup]

besturen (een auto ~)	řídit	[rʒi:dɪt]
afslaan (naar rechts ~)	zatáčet	[zata:ʧɛt]
U-bocht maken (ww)	otáčet se	[ota:ʧɛt sɛ]
achteruit (de)	zpáteční rychlost (ž)	[spa:tɛʧni: rɪxlost]

toeteren (ww)	houkat	[houkat]
toeter (de)	houkání (s)	[houka:ni:]
vastzitten (in modder)	uváznout	[uva:znout]

spinnen (wielen gaan ~) | prokluzovat | [prokluzovat]
uitzetten (ww) | zastavovat | [zastavovat]

snelheid (de) | rychlost (ž) | [rɪxlost]
een snelheidsovertreding maken | překročit dovolenou rychlost | [prʃɛkrotʃɪt dovolɛnou rɪxlost]
bekeuren (ww) | pokutovat | [pokutovat]
verkeerslicht (het) | semafor (m) | [sɛmafor]
rijbewijs (het) | řidičský průkaz (m) | [rʒɪdɪtʃski: pru:kaz]

overgang (de) | přejezd (m) | [prʃɛjɛzt]
kruispunt (het) | křižovatka (ž) | [krʃɪʒovatka]
zebrapad (oversteekplaats) | přechod (m) pro chodce | [prʃɛxot pro xodtsɛ]
bocht (de) | zatáčka (ž) | [zata:tʃka]
voetgangerszone (de) | pěší zóna (ž) | [peʃi: zo:na]

MENSEN. GEBEURTENISSEN IN HET LEVEN

Gebeurtenissen in het leven

152. Vakanties. Evenement

feest (het)	svátek (m)	[sva:tɛk]
nationale feestdag (de)	národní svátek (m)	[na:rodni: sva:tɛk]
feestdag (de)	sváteční den (m)	[sva:tɛtʃni: dɛn]
herdenken (ww)	oslavovat	[oslavovat]
gebeurtenis (de)	událost (ž)	[uda:lost]
evenement (het)	akce (ž)	[aktsɛ]
banket (het)	banket (m)	[baŋkɛt]
receptie (de)	recepce (ž)	[rɛtsɛptsɛ]
feestmaal (het)	hostina (ž)	[hostɪna]
verjaardag (de)	výročí (s)	[vi:rotʃi:]
jubileum (het)	jubileum (s)	[jubɪlɛjum]
vieren (ww)	oslavit	[oslavɪt]
Nieuwjaar (het)	Nový rok (m)	[novi: rok]
Gelukkig Nieuwjaar!	Šťastný nový rok!	[ʃtʲastni: novi: rok]
Kerstfeest (het)	Vánoce (ž mn)	[va:notsɛ]
Vrolijk kerstfeest!	Veselé Vánoce!	[vɛsɛlɛ: va:notsɛ]
kerstboom (de)	vánoční stromek (m)	[va:notʃni: stromɛk]
vuurwerk (het)	ohňostroj (m)	[ohnʲostroj]
bruiloft (de)	svatba (ž)	[svatba]
bruidegom (de)	ženich (m)	[ʒenɪx]
bruid (de)	nevěsta (ž)	[nɛvesta]
uitnodigen (ww)	zvát	[zva:t]
uitnodigingskaart (de)	pozvánka (ž)	[pozva:ŋka]
gast (de)	host (m)	[host]
op bezoek gaan	jít na návštěvu	[ji:t na na:vʃtevu]
gasten verwelkomen	vítat hosty	[vitat hostɪ]
geschenk, cadeau (het)	dárek (m)	[da:rɛk]
geven (iets cadeau ~)	darovat	[darovat]
geschenken ontvangen	dostávat dárky	[dosta:vat da:rkɪ]
boeket (het)	kytice (ž)	[kɪtɪtsɛ]
felicitaties (mv.)	blahopřání (s)	[blahoprʃa:ni:]
feliciteren (ww)	blahopřát	[blahoprʃa:t]
wenskaart (de)	blahopřejný lístek (m)	[blahoprʃɛjni: li:stɛk]
een kaartje versturen	poslat lístek	[poslat li:stɛk]

een kaartje ontvangen	dostat lístek	[dostat li:stɛk]
toast (de)	přípitek (m)	[prʃi:pɪtɛk]
aanbieden (een drankje ~)	častovat	[tʃastovat]
champagne (de)	šampaňské (s)	[ʃampanʲskɛ:]

plezier hebben (ww)	bavit se	[bavɪt sɛ]
plezier (het)	zábava (ž)	[za:bava]
vreugde (de)	radost (ž)	[radost]

dans (de)	tanec (m)	[tanɛts]
dansen (ww)	tančit	[tantʃɪt]

wals (de)	valčík (m)	[valtʃi:k]
tango (de)	tango (s)	[tango]

153. Begrafenissen. Begrafenis

kerkhof (het)	hřbitov (m)	[hrʒbɪtof]
graf (het)	hrob (m)	[hrop]
kruis (het)	kříž (m)	[krʃi:ʃ]
grafsteen (de)	náhrobek (m)	[na:hrobɛk]
omheining (de)	ohrádka (ž)	[ohra:tka]
kapel (de)	kaple (ž)	[kaplɛ]

dood (de)	úmrtí (s)	[u:mrti:]
sterven (ww)	umřít	[umrʒi:t]
overledene (de)	zemřelý (m)	[zɛmrʒɛli:]
rouw (de)	smutek (m)	[smutɛk]

begraven (ww)	pohřbívat	[pohrʒbi:vat]
begrafenisonderneming (de)	pohřební ústav (m)	[pohrʒɛbni: u:staf]
begrafenis (de)	pohřeb (m)	[pohrʒɛp]

krans (de)	věnec (m)	[venɛts]
doodskist (de)	rakev (ž)	[rakɛf]
lijkwagen (de)	katafalk (m)	[katafalk]
lijkkleed (de)	pohřební roucho (m)	[pohrʒɛbni: rouxo]

urn (de)	popelnice (ž)	[popɛlnɪtsɛ]
crematorium (het)	krematorium (s)	[krɛmatorɪum]

overlijdensbericht (het)	nekrolog (m)	[nɛkrolog]
huilen (wenen)	plakat	[plakat]
snikken (huilen)	vzlykat	[vzlɪkat]

154. Oorlog. Soldaten

peloton (het)	četa (ž)	[tʃɛta]
compagnie (de)	rota (ž)	[rota]
regiment (het)	pluk (m)	[pluk]
leger (armee)	armáda (ž)	[arma:da]
divisie (de)	divize (ž)	[dɪvɪzɛ]

| sectie (de) | oddíl (m) | [oddi:l] |
| troep (de) | vojsko (s) | [vojsko] |

| soldaat (militair) | voják (m) | [voja:k] |
| officier (de) | důstojník (m) | [du:stojni:k] |

soldaat (rang)	vojín (m)	[voji:n]
sergeant (de)	seržant (m)	[sɛrʒant]
luitenant (de)	poručík (m)	[porutʃi:k]
kapitein (de)	kapitán (m)	[kapɪta:n]
majoor (de)	major (m)	[major]
kolonel (de)	plukovník (m)	[plukovni:k]
generaal (de)	generál (m)	[gɛnɛra:l]

matroos (de)	námořník (m)	[na:morʒni:k]
kapitein (de)	kapitán (m)	[kapɪta:n]
bootsman (de)	loďmistr (m)	[loďmɪstr]

artillerist (de)	dělostřelec (m)	[delostrʃɛlɛʦ]
valschermjager (de)	výsadkář (m)	[vi:satka:rʃ]
piloot (de)	letec (m)	[lɛtɛʦ]
stuurman (de)	navigátor (m)	[navɪga:tor]
mecanicien (de)	mechanik (m)	[mɛxanɪk]

sappeur (de)	ženista (m)	[ʒenɪsta]
parachutist (de)	parašutista (m)	[paraʃutɪsta]
verkenner (de)	rozvědčík (m)	[rozvedtʃi:k]
scherpschutter (de)	odstřelovač (m)	[otstrʃɛlovatʃ]

patrouille (de)	hlídka (ž)	[hli:tka]
patrouilleren (ww)	hlídkovat	[hli:tkovat]
wacht (de)	strážný (m)	[stra:ʒni:]

krijger (de)	vojín (m)	[voji:n]
patriot (de)	vlastenec (m)	[vlastɛnɛʦ]
held (de)	hrdina (m)	[hrdɪna]
heldin (de)	hrdinka (ž)	[hrdɪŋka]

verrader (de)	zrádce (m)	[zra:dʦɛ]
deserteur (de)	zběh (m)	[zbex]
deserteren (ww)	dezertovat	[dɛzɛrtovat]

huurling (de)	žoldnéř (m)	[ʒoldnɛ:rʃ]
rekruut (de)	branec (m)	[branɛʦ]
vrijwilliger (de)	dobrovolník (m)	[dobrovolni:k]

gedode (de)	zabitý (m)	[zabɪti:]
gewonde (de)	raněný (m)	[raneni:]
krijgsgevangene (de)	zajatec (m)	[zajatɛʦ]

155. Oorlog. Militaire acties. Deel 1

| oorlog (de) | válka (ž) | [va:lka] |
| oorlog voeren (ww) | bojovat | [bojovat] |

burgeroorlog (de)	občanská válka (ž)	[obtʃanska: va:lka]
achterbaks (bw)	věrolomně	[verolomne]
oorlogsverklaring (de)	vyhlášení (s)	[vɪhla:ʃɛni:]
verklaren (de oorlog ~)	vyhlásit	[vɪhla:sɪt]
agressie (de)	agrese (ž)	[agrɛsɛ]
aanvallen (binnenvallen)	přepadat	[prʃɛpadat]

binnenvallen (ww)	uchvacovat	[uxvatsovat]
invaller (de)	uchvatitel (m)	[uxvatɪtɛl]
veroveraar (de)	dobyvatel (m)	[dobɪvatɛl]

verdediging (de)	obrana (ž)	[obrana]
verdedigen (je land ~)	bránit	[bra:nɪt]
zich verdedigen (ww)	bránit se	[bra:nɪt sɛ]

vijand, tegenstander (de)	nepřítel (m)	[nɛprʃi:tɛl]
vijandelijk (bn)	nepřátelský	[nɛprʃa:tɛlski:]

strategie (de)	strategie (ž)	[stratɛgɪe]
tactiek (de)	taktika (ž)	[taktɪka]

order (de)	rozkaz (m)	[roskas]
bevel (het)	povel (m)	[povɛl]
bevelen (ww)	rozkazovat	[roskazovat]
opdracht (de)	úkol (m)	[u:kol]
geheim (bn)	tajný	[tajni:]

veldslag (de)	bitva (ž)	[bɪtva]
strijd (de)	boj (m)	[boj]

aanval (de)	útok (m)	[u:tok]
bestorming (de)	útok (m)	[u:tok]
bestormen (ww)	dobývat útokem	[dobi:vat u:tokɛm]
bezetting (de)	obležení (s)	[oblɛʒeni:]

aanval (de)	ofenzíva (ž)	[ofɛnzi:va]
in het offensief te gaan	zahájit ofenzivu	[zaha:jɪt ofɛnzivu]

terugtrekking (de)	ústup (m)	[u:stup]
zich terugtrekken (ww)	ustupovat	[ustupovat]

omsingeling (de)	obklíčení (s)	[opkli:tʃɛni:]
omsingelen (ww)	obkličovat	[opklɪtʃovat]

bombardement (het)	bombardovaní (s)	[bombardova:ni:]
een bom gooien	shodit pumu	[sxodɪt pumu]
bombarderen (ww)	bombardovat	[bombardovat]
ontploffing (de)	výbuch (m)	[vi:bux]

schot (het)	výstřel (m)	[vi:strʃɛl]
een schot lossen	vystřelit	[vɪstrʒɛlɪt]
schieten (het)	střelba (ž)	[strʃɛlba]

mikken op (ww)	mířit	[mi:rʒɪt]
aanleggen (een wapen ~)	zamířit	[zami:rʒɪt]
treffen (doelwit ~)	zasáhnout	[zasa:hnout]

zinken (tot zinken brengen)	potopit	[potopɪt]
kogelgat (het)	trhlina (ž)	[trhlɪna]
zinken (gezonken zijn)	topit se	[topɪt sɛ]

front (het)	fronta (ž)	[fronta]
evacuatie (de)	evakuace (ž)	[ɛvakuatsɛ]
evacueren (ww)	evakuovat	[ɛvakuovat]

prikkeldraad (de)	ostnatý drát (m)	[ostnati: dra:t]
verdedigingsobstakel (het)	zátaras (m)	[za:taras]
wachttoren (de)	věž (ž)	[veʃ]

hospitaal (het)	vojenská nemocnice (ž)	[vojɛnska: nɛmotsnɪtsɛ]
verwonden (ww)	zranit	[zranɪt]
wond (de)	rána (ž)	[ra:na]
gewonde (de)	raněný (m)	[raneni:]
gewond raken (ww)	utrpět zranění	[utrpet zraneni:]
ernstig (~e wond)	těžký	[teʃki:]

156. Wapens

wapens (mv.)	zbraň (ž)	[zbranʲ]
vuurwapens (mv.)	střelná zbraň (ž)	[strʃɛlna: zbranʲ]
koude wapens (mv.)	bodná a sečná zbraň (ž)	[bodna: a sɛtʃna: zbranʲ]

chemische wapens (mv.)	chemická zbraň (ž)	[xɛmɪtska: zbranʲ]
kern-, nucleair (bn)	jaderný	[jadɛrni:]
kernwapens (mv.)	jaderná zbraň (ž)	[jadɛrna: zbranʲ]

| bom (de) | puma (ž) | [puma] |
| atoombom (de) | atomová puma (ž) | [atomova: puma] |

pistool (het)	pistole (ž)	[pɪstolɛ]
geweer (het)	puška (ž)	[puʃka]
machinepistool (het)	samopal (m)	[samopal]
machinegeweer (het)	kulomet (m)	[kulomɛt]

loop (schietbuis)	ústí (s) hlavně	[u:sti: hlavne]
loop (bijv. geweer met kortere ~)	hlaveň (ž)	[hlavɛnʲ]
kaliber (het)	ráž (ž)	[ra:ʃ]

trekker (de)	kohoutek (m)	[kohoutɛk]
korrel (de)	hledí (s)	[hlɛdi:]
magazijn (het)	zásobník (m)	[za:sobni:k]
geweerkolf (de)	pažba (ž)	[paʒba]

| granaat (handgranaat) | granát (m) | [grana:t] |
| explosieven (mv.) | výbušnina (ž) | [vi:buʃnɪna] |

kogel (de)	kulka (ž)	[kulka]
patroon (de)	náboj (m)	[na:boj]
lading (de)	nálož (ž)	[na:loʃ]
ammunitie (de)	střelivo (s)	[strʃɛlɪvo]

bommenwerper (de)	bombardér (m)	[bombardɛ:r]
straaljager (de)	stíhačka (ž)	[sti:hatʃka]
helikopter (de)	vrtulník (m)	[vrtulni:k]

afweergeschut (het)	protiletadlové dělo (s)	[protɪlɛtadlovɛ: delo]
tank (de)	tank (m)	[taŋk]
kanon (tank met een ~ van 76 mm)	tankové dělo (s)	[taŋkovɛ: delo]

artillerie (de)	dělostřelectvo (s)	[delostrʃɛlɛtstvo]
kanon (het)	dělo (s)	[delo]
aanleggen (een wapen ~)	zamířit	[zami:rʒɪt]

projectiel (het)	střela (ž)	[strʃɛla]
mortiergranaat (de)	mina (ž)	[mɪna]
mortier (de)	minomet (m)	[mɪnomɛt]
granaatscherf (de)	střepina (ž)	[strʃɛpɪna]

duikboot (de)	ponorka (ž)	[ponorka]
torpedo (de)	torpédo (s)	[torpɛ:do]
raket (de)	raketa (ž)	[rakɛta]

laden (geweer, kanon)	nabíjet	[nabi:jɛt]
schieten (ww)	střílet	[strʃi:lɛt]
richten op (mikken)	mířit	[mi:rʒɪt]
bajonet (de)	bodák (m)	[boda:k]

degen (de)	kord (m)	[kort]
sabel (de)	šavle (ž)	[ʃavlɛ]
speer (de)	kopí (s)	[kopi:]
boog (de)	luk (m)	[luk]
pijl (de)	šíp (m)	[ʃi:p]
musket (de)	mušketa (ž)	[muʃkɛta]
kruisboog (de)	samostříl (m)	[samostrʃi:l]

157. Oude mensen

primitief (bn)	prvobytný	[prvobɪtni:]
voorhistorisch (bn)	prehistorický	[prɛhɪstorɪtski:]
eeuwenoude (~ beschaving)	starobylý	[starobɪli:]

Steentijd (de)	Doba (ž) kamenná	[doba kamɛnna:]
Bronstijd (de)	Doba (ž) bronzová	[doba bronzova:]
IJstijd (de)	Doba (ž) ledová	[doba lɛdova:]

stam (de)	kmen (m)	[kmɛn]
menseneter (de)	lidojed (m)	[lɪdojɛt]
jager (de)	lovec (m)	[lovɛts]
jagen (ww)	lovit	[lovɪt]
mammoot (de)	mamut (m)	[mamut]

grot (de)	jeskyně (ž)	[jɛskɪne]
vuur (het)	oheň (m)	[ohɛnʲ]
kampvuur (het)	táborák (m)	[taborak]

rotstekening (de)	jeskynní malba (ž)	[jɛskɪnni: malba]
werkinstrument (het)	pracovní nástroje (m mn)	[pratsovni: na:strojɛ]
speer (de)	oštěp (m)	[oʃtep]
stenen bijl (de)	kamenná sekera (ž)	[kamɛnna: sɛkɛra]
oorlog voeren (ww)	bojovat	[bojovat]
temmen (bijv. wolf ~)	ochočovat	[oxotʃovat]

idool (het)	modla (ž)	[modla]
aanbidden (ww)	klanět se	[klanet sɛ]
bijgeloof (het)	pověra (ž)	[povera]

evolutie (de)	evoluce (ž)	[ɛvolutsɛ]
ontwikkeling (de)	rozvoj (m)	[rozvoj]
verdwijning (de)	vymizení (s)	[vɪmɪzɛni:]
zich aanpassen (ww)	přizpůsobovat se	[prʃɪspu:sobovat sɛ]

archeologie (de)	archeologie (ž)	[arxɛologɪe]
archeoloog (de)	archeolog (m)	[arxɛolog]
archeologisch (bn)	archeologický	[arxɛologɪtski:]

opgravingsplaats (de)	vykopávky (ž mn)	[vɪkopa:fkɪ]
opgravingen (mv.)	vykopávky (ž mn)	[vɪkopa:fkɪ]
vondst (de)	objev (m)	[objɛf]
fragment (het)	část (ž)	[tʃa:st]

158. Middeleeuwen

volk (het)	lid, národ (m)	[lɪt], [na:rot]
volkeren (mv.)	národy (m mn)	[na:rodɪ]
stam (de)	kmen (m)	[kmɛn]
stammen (mv.)	kmeny (m mn)	[kmɛnɪ]

barbaren (mv.)	barbaři (m mn)	[barbarʒɪ]
Galliërs (mv.)	Galové (m mn)	[galovɛ:]
Goten (mv.)	Gótové (m mn)	[go:tovɛ:]
Slaven (mv.)	Slované (m mn)	[slovanɛ:]
Vikings (mv.)	Vikingové (m mn)	[vɪkɪngovɛ:]

Romeinen (mv.)	Římané (m mn)	[rʒi:manɛ:]
Romeins (bn)	římský	[rʒi:mski:]

Byzantijnen (mv.)	obyvatelé (m mn) Byzantské říše	[obɪvatɛlɛ: bɪzantskɛ: rʃi:ʃɛ]
Byzantium (het)	Byzantská říše (ž)	[bɪzantska: rʃi:ʃɛ]
Byzantijns (bn)	byzantský	[bɪzantski:]

keizer (bijv. Romeinse ~)	císař (m)	[tsi:sarʃ]
opperhoofd (het)	vůdce (m)	[vu:dtsɛ]
machtig (bn)	mocný	[motsni:]
koning (de)	král (m)	[kra:l]
heerser (de)	vladař (m)	[vladarʃ]

ridder (de)	rytíř (m)	[rɪti:rʃ]
feodaal (de)	feudál (m)	[fɛuda:l]

| feodaal (bn) | feudální | [fɛuda:lni:] |
| vazal (de) | vasal (m) | [vasal] |

hertog (de)	vévoda (m)	[vɛ:voda]
graaf (de)	hrabě (m)	[hrabe]
baron (de)	barel (m)	[barɛl]
bisschop (de)	biskup (m)	[bɪskup]

harnas (het)	brnění (s)	[brneni:]
schild (het)	štít (m)	[ʃti:t]
zwaard (het)	meč (m)	[mɛtʃ]
vizier (het)	hledí (s)	[hlɛdi:]
maliënkolder (de)	kroužková košile (ž)	[krouʃkova: koʃɪlɛ]

| kruistocht (de) | křižácká výprava (ž) | [krʃɪʒa:tska: vi:prava] |
| kruisvaarder (de) | křižák (m) | [krʃɪʒa:k] |

gebied (bijv. bezette ~en)	území (s)	[u:zɛmi:]
aanvallen (binnenvallen)	přepadat	[prʃɛpadat]
veroveren (ww)	dobýt	[dobi:t]
innemen (binnenvallen)	zmocnit se	[zmotsnɪt sɛ]

bezetting (de)	obležení (s)	[oblɛʒeni:]
belegerd (bn)	obklíčený	[opkli:tʃɛni:]
belegeren (ww)	obkličovat	[opklɪtʃovat]

inquisitie (de)	inkvizice (ž)	[ɪŋkvɪzɪtsɛ]
inquisiteur (de)	inkvizitor (m)	[ɪŋkvɪzɪtor]
foltering (de)	mučení (s)	[mutʃɛni:]
wreed (bn)	krutý	[kruti:]
ketter (de)	kacíř (m)	[katsi:rʃ]
ketterij (de)	bludařství (s)	[bludarʃstvi:]

zeevaart (de)	mořeplavba (ž)	[morʒɛplavba]
piraat (de)	pirát (m)	[pɪra:t]
piraterij (de)	pirátství (s)	[pɪra:tstvi:]
enteren (het)	abordáž (ž)	[aborda:ʃ]
buit (de)	kořist (ž)	[korʒɪst]
schatten (mv.)	bohatství (s)	[bohatstvi:]

ontdekking (de)	objevení (s)	[objɛvɛni:]
ontdekken (bijv. nieuw land)	objevit	[objɛvɪt]
expeditie (de)	výprava (ž)	[vi:prava]

musketier (de)	mušketýr (m)	[muʃkɛti:r]
kardinaal (de)	kardinál (m)	[kardɪna:l]
heraldiek (de)	heraldika (ž)	[hɛraldɪka]
heraldisch (bn)	heraldický	[hɛraldɪtski:]

159. Leider. Baas. Autoriteiten

koning (de)	král (m)	[kra:l]
koningin (de)	královna (ž)	[kra:lovna]
koninklijk (bn)	královský	[kra:lovski:]

koninkrijk (het)	království (s)	[kra:lovstvi:]
prins (de)	princ (m)	[prɪnts]
prinses (de)	princezna (ž)	[prɪntsɛzna]

president (de)	prezident (m)	[prɛzɪdɛnt]
vicepresident (de)	viceprezident (m)	[vɪtsɛprɛzɪdɛnt]
senator (de)	senátor (m)	[sɛna:tor]

monarch (de)	monarcha (m)	[monarxa]
heerser (de)	vladař (m)	[vladarʃ]
dictator (de)	diktátor (m)	[dɪkta:tor]
tiran (de)	tyran (m)	[tɪran]
magnaat (de)	magnát (m)	[magna:t]

directeur (de)	ředitel (m)	[rʒɛdɪtɛl]
chef (de)	šéf (m)	[ʃɛ:f]
beheerder (de)	správce (m)	[spra:vtsɛ]
baas (de)	bos (m)	[bos]
eigenaar (de)	majitel (m)	[majɪtɛl]

hoofd (bijv. ~ van de delegatie)	hlava (m)	[hlava]
autoriteiten (mv.)	úřady (m mn)	[u:rʒadɪ]
superieuren (mv.)	vedení (s)	[vɛdɛni:]

gouverneur (de)	gubernátor (m)	[gubɛrna:tor]
consul (de)	konzul (m)	[konzul]
diplomaat (de)	diplomat (m)	[dɪplomat]
burgemeester (de)	primátor (m)	[prɪma:tor]
sheriff (de)	šerif (m)	[ʃɛrɪf]

keizer (bijv. Romeinse ~)	císař (m)	[tsi:sarʃ]
tsaar (de)	car (m)	[tsar]
farao (de)	faraón (m)	[farao:n]
kan (de)	chán (m)	[xa:n]

160. De wet overtreden. Criminelen. Deel 1

bandiet (de)	bandita (m)	[bandɪta]
misdaad (de)	zločin (m)	[zlotʃɪn]
misdadiger (de)	zločinec (m)	[zlotʃɪnɛts]

dief (de)	zloděj (m)	[zlodej]
stelen (ww)	krást	[kra:st]
stelen (de)	loupež (ž)	[loupɛʃ]
diefstal (de)	krádež (ž)	[kra:dɛʃ]

kidnappen (ww)	unést	[unɛ:st]
kidnapping (de)	únos (m)	[u:nos]
kidnapper (de)	únosce (m)	[u:nostsɛ]

losgeld (het)	výkupné (s)	[vi:kupnɛ:]
eisen losgeld (ww)	žádat výkupné	[ʒa:dat vi:kupnɛ:]
overvallen (ww)	loupit	[loupɪt]

| overval (de) | loupež (ž) | [loupɛʃ] |
| overvaller (de) | lupič (m) | [lupɪtʃ] |

afpersen (ww)	vydírat	[vɪdi:rat]
afperser (de)	vyděrač (m)	[vɪderatʃ]
afpersing (de)	vyděračství (s)	[vɪderatʃstvi:]

vermoorden (ww)	zabít	[zabi:t]
moord (de)	vražda (ž)	[vraʒda]
moordenaar (de)	vrah (m)	[vrax]

schot (het)	výstřel (m)	[vi:strʃɛl]
een schot lossen	vystřelit	[vɪstrʒɛlɪt]
neerschieten (ww)	zastřelit	[zastrʃɛlɪt]
schieten (ww)	střílet	[strʃi:lɛt]
schieten (het)	střelba (ž)	[strʃɛlba]

ongeluk (gevecht, enz.)	nehoda (ž)	[nɛhoda]
gevecht (het)	rvačka (ž)	[rvatʃka]
Help!	Pomoc!	[pomots]
slachtoffer (het)	oběť (ž)	[obetʲ]

| beschadigen (ww) | poškodit | [poʃkodɪt] |
| schade (de) | škoda (ž) | [ʃkoda] |

| lijk (het) | mrtvola (ž) | [mrtvola] |
| zwaar (~ misdrijf) | těžký | [teʃki:] |

aanvallen (ww)	napadnout	[napadnout]
slaan (iemand ~)	bít	[bi:t]
in elkaar slaan (toetakelen)	zbít	[zbi:t]
ontnemen (beroven)	odebrat	[odɛbrat]
steken (met een mes)	zabít	[zabi:t]

| verminken (ww) | zmrzačit | [zmrzatʃɪt] |
| verwonden (ww) | zranit | [zranɪt] |

chantage (de)	vyděračství (s)	[vɪderatʃstvi:]
chanteren (ww)	vydírat	[vɪdi:rat]
chanteur (de)	vyděrač (m)	[vɪderatʃ]

| afpersing (de) | vyděračství (s) | [vɪderatʃstvi:] |
| afperser (de) | vyděrač (m) | [vɪderatʃ] |

| gangster (de) | gangster (m) | [gaŋgstɛr] |
| maffia (de) | mafie (ž) | [mafɪe] |

| kruimeldief (de) | kapsář (m) | [kapsa:rʃ] |
| inbreker (de) | kasař (m) | [kasarʃ] |

| smokkelen (het) | pašování (s) | [paʃova:ni:] |
| smokkelaar (de) | pašerák (m) | [paʃɛra:k] |

namaak (de)	padělání (s)	[padela:ni:]
namaken (ww)	padělat	[padelat]
namaak-, vals (bn)	padělaný	[padelani:]

161. De wet overtreden. Criminelen. Deel 2

verkrachting (de)	znásilnění (s)	[zna:sɪlneni:]
verkrachten (ww)	znásilnit	[zna:sɪlnɪt]
verkrachter (de)	násilník (m)	[na:sɪlni:k]
maniak (de)	maniak (m)	[manɪak]
prostituee (de)	prostitutka (ž)	[prostɪtutka]
prostitutie (de)	prostituce (ž)	[prostɪtutsɛ]
pooier (de)	kuplíř (m)	[kupli:rʃ]
drugsverslaafde (de)	narkoman (m)	[narkoman]
drugshandelaar (de)	drogový dealer (m)	[drogovi: di:lɛr]
opblazen (ww)	vyhodit do povětří	[vɪhodɪt do povetrʃi:]
explosie (de)	výbuch (m)	[vi:bux]
in brand steken (ww)	zapálit	[zapa:lɪt]
brandstichter (de)	žhář (m)	[ʒha:rʃ]
terrorisme (het)	terorismus (m)	[tɛrorɪzmus]
terrorist (de)	terorista (m)	[tɛrorɪsta]
gijzelaar (de)	rukojmí (m)	[rukojmi:]
bedriegen (ww)	oklamat	[oklamat]
bedrog (het)	podvod (m)	[podvot]
oplichter (de)	podvodník (m)	[podvodni:k]
omkopen (ww)	podplatit	[potplatɪt]
omkoperij (de)	podplácení (s)	[potpla:tsɛni:]
smeergeld (het)	úplatek (m)	[u:platɛk]
vergif (het)	jed (m)	[jɛt]
vergiftigen (ww)	otrávit	[otra:vɪt]
vergif innemen (ww)	otrávit se	[otra:vɪt sɛ]
zelfmoord (de)	sebevražda (ž)	[sɛbɛvraʒda]
zelfmoordenaar (de)	sebevrah (m)	[sɛbɛvrax]
bedreigen (bijv. met een pistool)	vyhrožovat	[vɪhroʒovat]
bedreiging (de)	vyhrůžka (ž)	[vɪhru:ʃka]
een aanslag plegen	páchat atentát	[pa:xat atenta:t]
aanslag (de)	atentát (m)	[atɛnta:t]
stelen (een auto)	unést	[unɛ:st]
kapen (een vliegtuig)	unést	[unɛ:st]
wraak (de)	pomsta (ž)	[pomsta]
wreken (ww)	mstít se	[msti:t sɛ]
martelen (gevangenen)	mučit	[mutʃɪt]
foltering (de)	mučení (s)	[mutʃɛni:]
folteren (ww)	trápit	[tra:pɪt]
piraat (de)	pirát (m)	[pɪra:t]
straatschender (de)	chuligán (m)	[xulɪga:n]

gewapend (bn)	ozbrojený	[ozbrojɛni:]
geweld (het)	násilí (s)	[na:sɪli:]

spionage (de)	špionáž (ž)	[ʃpɪona:ʃ]
spioneren (ww)	špehovat	[ʃpɛhovat]

162. Politie. Wet. Deel 1

justitie (de)	justice (ž)	[justitsɛ]
gerechtshof (het)	soud (m)	[sout]

rechter (de)	soudce (m)	[soudtsɛ]
jury (de)	porotci (m mn)	[porottsɪ]
juryrechtspraak (de)	porota (ž)	[porota]
berechten (ww)	soudit	[soudɪt]

advocaat (de)	advokát (m)	[advoka:t]
beklaagde (de)	obžalovaný (m)	[obʒalovani:]
beklaagdenbank (de)	lavice (ž) obžalovaných	[lavɪtsɛ obʒalovani:x]

beschuldiging (de)	žaloba (ž)	[ʒaloba]
beschuldigde (de)	obžalovaný (m)	[obʒalovani:]

vonnis (het)	rozsudek (m)	[rozsudɛk]
veroordelen	odsoudit	[otsoudɪt]
(in een rechtszaak)		

schuldige (de)	viník (m)	[vɪni:k]
straffen (ww)	potrestat	[potrɛstat]
bestraffing (de)	trest (m)	[trɛst]

boete (de)	pokuta (ž)	[pokuta]
levenslange opsluiting (de)	doživotní vězení (s)	[doʒɪvotni: vezɛni:]
doodstraf (de)	trest (m) smrti	[trɛst smrtɪ]
elektrische stoel (de)	elektrické křeslo (s)	[ɛlɛktrɪtskɛ: krʃɛslo]
schavot (het)	šibenice (ž)	[ʃɪbɛnɪtsɛ]

executeren (ww)	popravit	[popravɪt]
executie (de)	poprava (ž)	[poprava]

gevangenis (de)	vězení (s)	[vezɛni:]
cel (de)	cela (ž)	[tsɛla]

konvooi (het)	ozbrojený doprovod (m)	[ozbrojɛni: doprovot]
gevangenisbewaker (de)	dozorce (m)	[dozortsɛ]
gedetineerde (de)	vězeň (m)	[vezɛnʲ]

handboeien (mv.)	pouta (s mn)	[pouta]
handboeien omdoen	nasadit pouta	[nasadɪt pouta]

ontsnapping (de)	útěk (m)	[u:tek]
ontsnappen (ww)	uprchnout	[uprxnout]
verdwijnen (ww)	zmizet	[zmɪzɛt]
vrijlaten (uit de gevangenis)	propustit	[propustɪt]

amnestie (de)	amnestie (ż)	[amnɛstɪe]
politie (de)	policie (ż)	[polɪtsɪe]
politieagent (de)	policista (m)	[polɪtsɪsta]
politiebureau (het)	policejní stanice (ż)	[polɪtsɛjni: stanɪtsɛ]
knuppel (de)	gumový obušek (m)	[gumovi: obuʃɛk]
megafoon (de)	hlásná trouba (ż)	[hla:sna: trouba]

patrouilleerwagen (de)	policejní vůz (m)	[polɪtsɛjni: vu:z]
sirene (de)	houkačka (ż)	[houkatʃka]
de sirene aansteken	zapnout houkačku	[zapnout houkatʃku]
geloei (het) van de sirene	houkání (s)	[houka:ni:]

plaats delict (de)	místo (s) činu	[mi:sto tʃɪnu]
getuige (de)	svědek (m)	[svedɛk]
vrijheid (de)	svoboda (ż)	[svoboda]
handlanger (de)	spolupachatel (m)	[spolupaxatɛl]
ontvluchten (ww)	zmizet	[zmɪzɛt]
spoor (het)	stopa (ż)	[stopa]

163. Politie. Wet. Deel 2

opsporing (de)	pátrání (s)	[pa:tra:ni:]
opsporen (ww)	pátrat	[pa:trat]
verdenking (de)	podezření (s)	[podɛzrʒɛni:]
verdacht (bn)	podezřelý	[podɛzrʒɛli:]
aanhouden (stoppen)	zastavit	[zastavɪt]
tegenhouden (ww)	zadržet	[zadrʒet]

strafzaak (de)	případ (m)	[prʃi:pat]
onderzoek (het)	vyšetřování (s)	[vɪʃetrʃova:ni:]
detective (de)	detektiv (m)	[dɛtɛktɪf]
onderzoeksrechter (de)	vyšetřovatel (m)	[vɪʃetrʃovatɛl]
versie (de)	verze (ż)	[vɛrzɛ]

motief (het)	motiv (m)	[motɪf]
verhoor (het)	výslech (m)	[vi:slɛx]
ondervragen (door de politie)	vyslýchat	[vɪsli:xat]
ondervragen (omstanders ~)	vyslýchat	[vɪsli:xat]
controle (de)	kontrola (ż)	[kontrola]

razzia (de)	zátah (m)	[za:tax]
huiszoeking (de)	prohlídka (ż)	[prohli:tka]
achtervolging (de)	stíhání (s)	[sti:ha:ni:]
achtervolgen (ww)	pronásledovat	[prona:slɛdovat]
opsporen (ww)	sledovat	[slɛdovat]

arrest (het)	zatčení (s)	[zatʃɛni:]
arresteren (ww)	zatknout	[zatknout]
vangen, aanhouden (een dief, enz.)	chytit	[xɪtɪt]
aanhouding (de)	chycení (s)	[xɪtsɛni:]

document (het)	dokument (m)	[dokumɛnt]
bewijs (het)	důkaz (m)	[du:kaz]

bewijzen (ww)	dokazovat	[dokazovat]
voetspoor (het)	stopa (ž)	[stopa]
vingerafdrukken (mv.)	otisky (m mn) prstů	[otɪskɪ prstu:]
bewijs (het)	důkaz (m)	[du:kaz]
alibi (het)	alibi (s)	[alɪbɪ]
onschuldig (bn)	nevinný	[nɛvɪnni:]
onrecht (het)	nespravedlivost (ž)	[nɛspravɛdlɪvost]
onrechtvaardig (bn)	nespravedlivý	[nɛspra:vɛdlɪvi:]
crimineel (bn)	kriminální	[krɪmɪna:lni:]
confisqueren	konfiskovat	[konfɪskovat]
(in beslag nemen)		
drug (de)	droga (ž)	[droga]
wapen (het)	zbraň (ž)	[zbranʲ]
ontwapenen (ww)	odzbrojit	[odzbrojɪt]
bevelen (ww)	rozkazovat	[roskazovat]
verdwijnen (ww)	zmizet	[zmɪzɛt]
wet (de)	zákon (m)	[za:kon]
wettelijk (bn)	zákonný	[za:konni:]
onwettelijk (bn)	nezákonný	[nɛza:konni:]
verantwoordelijkheid (de)	odpovědnost (ž)	[otpovednost]
verantwoordelijk (bn)	odpovědný	[otpovedni:]

153

NATUUR

De Aarde. Deel 1

164. De kosmische ruimte

kosmos (de)	kosmos (m)	[kosmos]
kosmisch (bn)	kosmický	[kosmɪtski:]
kosmische ruimte (de)	kosmický prostor (m)	[kosmɪtski: prostor]
wereld (de), heelal (het)	vesmír (m)	[vɛsmi:r]
sterrenstelsel (het)	galaxie (ž)	[galaksɪe]
ster (de)	hvězda (ž)	[hvezda]
sterrenbeeld (het)	souhvězdí (s)	[souhvezdi:]
planeet (de)	planeta (ž)	[planɛta]
satelliet (de)	družice (ž)	[druʒɪtsɛ]
meteoriet (de)	meteorit (m)	[mɛtɛorɪt]
komeet (de)	kometa (ž)	[komɛta]
asteroïde (de)	asteroid (m)	[astɛroɪt]
baan (de)	oběžná dráha (ž)	[obeʒna: dra:ha]
draaien (om de zon, enz.)	otáčet se	[ota:ʧɛt sɛ]
atmosfeer (de)	atmosféra (ž)	[atmosfɛ:ra]
Zon (de)	Slunce (s)	[sluntsɛ]
zonnestelsel (het)	sluneční soustava (ž)	[slunɛʧni: soustava]
zonsverduistering (de)	sluneční zatmění (s)	[slunɛʧni: zatmněni:]
Aarde (de)	Země (ž)	[zɛmnɛ]
Maan (de)	Měsíc (m)	[mnesi:ts]
Mars (de)	Mars (m)	[mars]
Venus (de)	Venuše (ž)	[vɛnuʃɛ]
Jupiter (de)	Jupiter (m)	[jupɪtɛr]
Saturnus (de)	Saturn (m)	[saturn]
Mercurius (de)	Merkur (m)	[mɛrkur]
Uranus (de)	Uran (m)	[uran]
Neptunus (de)	Neptun (m)	[nɛptun]
Pluto (de)	Pluto (s)	[pluto]
Melkweg (de)	Mléčná dráha (ž)	[mlɛ:ʧna: dra:ha]
Grote Beer (de)	Velká medvědice (ž)	[vɛlka: mɛdvedɪtsɛ]
Poolster (de)	Polárka (ž)	[pola:rka]
marsmannetje (het)	Marťan (m)	[martʲan]
buitenaards wezen (het)	mimozemšťan (m)	[mɪmozɛmʃtʲan]

| bovenaards (het) | vetřelec (m) | [vɛtrʃɛlɛts] |
| vliegende schotel (de) | létající talíř (m) | [lɛ:taji:tsi: tali:rʃ] |

ruimtevaartuig (het)	kosmická loď (ž)	[kosmɪtska: lotʲ]
ruimtestation (het)	orbitální stanice (ž)	[orbɪta:lni: stanɪtsɛ]
start (de)	start (m)	[start]

motor (de)	motor (m)	[motor]
straalpijp (de)	tryska (ž)	[trɪska]
brandstof (de)	palivo (s)	[palɪvo]

cabine (de)	kabina (ž)	[kabɪna]
antenne (de)	anténa (ž)	[antɛ:na]
patrijspoort (de)	okénko (s)	[okɛ:ŋko]
zonnebatterij (de)	sluneční baterie (ž)	[slunɛtʃni: batɛrɪe]
ruimtepak (het)	skafandr (m)	[skafandr]

| gewichtloosheid (de) | beztížný stav (m) | [bɛzti:ʒni: staf] |
| zuurstof (de) | kyslík (m) | [kɪsli:k] |

| koppeling (de) | spojení (s) | [spojɛni:] |
| koppeling maken | spojovat se | [spojovat sɛ] |

observatorium (het)	observatoř (ž)	[opsɛrvatorʃ]
telescoop (de)	teleskop (m)	[tɛlɛskop]
waarnemen (ww)	pozorovat	[pozorovat]
exploreren (ww)	zkoumat	[skoumat]

165. De Aarde

Aarde (de)	Země (ž)	[zɛmnɛ]
aardbol (de)	zeměkoule (ž)	[zɛmnekoulɛ]
planeet (de)	planeta (ž)	[planɛta]

atmosfeer (de)	atmosféra (ž)	[atmosfɛ:ra]
aardrijkskunde (de)	zeměpis (m)	[zɛmnepɪs]
natuur (de)	příroda (ž)	[prʃi:roda]

wereldbol (de)	glóbus (m)	[glo:bus]
kaart (de)	mapa (ž)	[mapa]
atlas (de)	atlas (m)	[atlas]

| Europa (het) | Evropa (ž) | [ꜰvrɒpa] |
| Azië (het) | Asie (ž) | [azɪe] |

| Afrika (het) | Afrika (ž) | [afrɪka] |
| Australië (het) | Austrálie (ž) | [austra:lɪe] |

Amerika (het)	Amerika (ž)	[amɛrɪka]
Noord-Amerika (het)	Severní Amerika (ž)	[sɛvɛrni: amɛrɪka]
Zuid-Amerika (het)	Jižní Amerika (ž)	[jɪʒni: amɛrɪka]

| Antarctica (het) | Antarktida (ž) | [antarkti:da] |
| Arctis (de) | Arktida (ž) | [arktɪda] |

166. Windrichtingen

noorden (het)	sever (m)	[sɛvɛr]
naar het noorden	na sever	[na sɛvɛr]
in het noorden	na severu	[na sɛvɛru]
noordelijk (bn)	severní	[sɛvɛrni:]
zuiden (het)	jih (m)	[jɪx]
naar het zuiden	na jih	[na jɪx]
in het zuiden	na jihu	[na jɪhu]
zuidelijk (bn)	jižní	[jɪʒni:]
westen (het)	západ (m)	[za:pat]
naar het westen	na západ	[na za:pat]
in het westen	na západě	[na za:pade]
westelijk (bn)	západní	[za:padni:]
oosten (het)	východ (m)	[vi:xot]
naar het oosten	na východ	[na vi:xot]
in het oosten	na východě	[na vi:xode]
oostelijk (bn)	východní	[vi:xodni:]

167. Zee. Oceaan

zee (de)	moře (s)	[morʒɛ]
oceaan (de)	oceán (m)	[otsɛa:n]
golf (baai)	záliv (m)	[za:lɪf]
straat (de)	průliv (m)	[pru:lɪf]
continent (het)	pevnina (ž)	[pɛvnɪna]
eiland (het)	ostrov (m)	[ostrof]
schiereiland (het)	poloostrov (m)	[poloostrof]
archipel (de)	souostroví (s)	[souostrovi:]
baai, bocht (de)	zátoka (ž)	[za:toka]
haven (de)	přístav (m)	[prʃi:staf]
lagune (de)	laguna (ž)	[lagu:na]
kaap (de)	mys (m)	[mɪs]
atol (de)	atol (m)	[atol]
rif (het)	útes (m)	[u:tɛs]
koraal (het)	korál (m)	[kora:l]
koraalrif (het)	korálový útes (m)	[kora:lovi: u:tɛs]
diep (bn)	hluboký	[hluboki:]
diepte (de)	hloubka (ž)	[hloupka]
diepzee (de)	hlubina (ž)	[hlubɪna]
trog (bijv. Marianentrog)	prohlubeň (ž)	[prohlubɛnʲ]
stroming (de)	proud (m)	[prout]
omspoelen (ww)	omývat	[omi:vat]
oever (de)	břeh (m)	[brʒɛx]
kust (de)	pobřeží (s)	[pobrʒɛʒi:]

vloed (de)	příliv (m)	[prʃiːlɪf]
eb (de)	odliv (m)	[odlɪf]
ondiepte (ondiep water)	mělčina (ž)	[mneltʃɪna]
bodem (de)	dno (s)	[dno]

golf (hoge ~)	vlna (ž)	[vlna]
golfkam (de)	hřbet (m) vlny	[hrʒbɛt vlnɪ]
schuim (het)	pěna (ž)	[pena]

orkaan (de)	hurikán (m)	[hurɪkaːn]
tsunami (de)	tsunami (s)	[tsunamɪ]
windstilte (de)	bezvětří (s)	[bɛzvetrʃiː]
kalm (bijv. ~e zee)	klidný	[klɪdniː]

| pool (de) | pól (m) | [poːl] |
| polair (bn) | polární | [polaːrniː] |

breedtegraad (de)	šířka (ž)	[ʃiːrʃka]
lengtegraad (de)	délka (ž)	[dɛːlka]
parallel (de)	rovnoběžka (ž)	[rovnobeʃka]
evenaar (de)	rovník (m)	[rovniːk]

hemel (de)	obloha (ž)	[obloha]
horizon (de)	horizont (m)	[horɪzont]
lucht (de)	vzduch (m)	[vzdux]

vuurtoren (de)	maják (m)	[majaːk]
duiken (ww)	potápět se	[potaːpet sɛ]
zinken (ov. een boot)	potopit se	[potopɪt sɛ]
schatten (mv.)	bohatství (s)	[bohatstviː]

168. Bergen

berg (de)	hora (ž)	[hora]
bergketen (de)	horské pásmo (s)	[horskɛ: paːsmo]
gebergte (het)	horský hřbet (m)	[horski: hrʒbɛt]

bergtop (de)	vrchol (m)	[vrxol]
bergpiek (de)	štít (m)	[ʃtiːt]
voet (ov. de berg)	úpatí (s)	[uːpatiː]
helling (de)	svah (m)	[svax]

vulkaan (do)	sopka (ž)	[sopka]
actieve vulkaan (de)	činná sopka (ž)	[tʃɪnna: sopka]
uitgedoofde vulkaan (de)	vyhaslá sopka (ž)	[vɪhasla: sopka]

uitbarsting (de)	výbuch (m)	[viːbux]
krater (de)	kráter (m)	[kraːtɛr]
magma (het)	magma (ž)	[magma]
lava (de)	láva (ž)	[laːva]
gloeiend (~e lava)	rozžhavený	[rozʒhavɛniː]

| kloof (canyon) | kaňon (m) | [kanʲon] |
| bergkloof (de) | soutěska (ž) | [souteska] |

157

spleet (de)	rozsedlina (ž)	[rozsɛdlɪna]
bergpas (de)	průsmyk (m)	[pru:smɪk]
plateau (het)	plató (s)	[plato:]
klip (de)	skála (ž)	[ska:la]
heuvel (de)	kopec (m)	[kopɛts]

gletsjer (de)	ledovec (m)	[lɛdovɛts]
waterval (de)	vodopád (m)	[vodopa:t]
geiser (de)	vřídlo (s)	[vrʒi:dlo]
meer (het)	jezero (s)	[jɛzɛro]

vlakte (de)	rovina (ž)	[rovɪna]
landschap (het)	krajina (ž)	[krajɪna]
echo (de)	ozvěna (ž)	[ozvena]

alpinist (de)	horolezec (m)	[horolɛzɛts]
bergbeklimmer (de)	horolezec (m)	[horolɛzɛts]
trotseren (berg ~)	dobývat	[dobi:vat]
beklimming (de)	výstup (m)	[vi:stup]

169. Rivieren

rivier (de)	řeka (ž)	[rʒɛka]
bron (~ van een rivier)	pramen (m)	[pramɛn]
rivierbedding (de)	koryto (s)	[korɪto]
rivierbekken (het)	povodí (s)	[povodi:]
uitmonden in ...	vlévat se	[vlɛ:vat sɛ]

| zijrivier (de) | přítok (m) | [prʃi:tok] |
| oever (de) | břeh (m) | [brʒɛx] |

stroming (de)	proud (m)	[prout]
stroomafwaarts (bw)	po proudu	[po proudu]
stroomopwaarts (bw)	proti proudu	[protɪ proudu]

overstroming (de)	povodeň (ž)	[povodɛnʲ]
overstroming (de)	záplava (ž)	[za:plava]
buiten zijn oevers treden	rozlévat se	[rozlɛ:vat sɛ]
overstromen (ww)	zaplavovat	[zaplavovat]

| zandbank (de) | mělčina (ž) | [mnɛltʃɪna] |
| stroomversnelling (de) | peřej (ž) | [pɛrʒɛj] |

dam (de)	přehrada (ž)	[prʃɛhrada]
kanaal (het)	průplav (m)	[pru:plaf]
spaarbekken (het)	vodní nádrž (ž)	[vodni: na:drʃ]
sluis (de)	zdymadlo (s)	[zdɪmadlo]

waterlichaam (het)	vodojem (m)	[vodojɛm]
moeras (het)	bažina (ž)	[baʒɪna]
broek (het)	slať (ž)	[slatʲ]
draaikolk (de)	vír (m)	[vi:r]
stroom (de)	potok (m)	[potok]
drink- (abn)	pitný	[pɪtni:]

zoet (~ water)	sladký	[slatki:]
ijs (het)	led (m)	[lɛt]
bevriezen (rivier, enz.)	zamrznout	[zamrznout]

170. Bos

| bos (het) | les (m) | [lɛs] |
| bos- (abn) | lesní | [lɛsni:] |

oerwoud (dicht bos)	houština (ž)	[houʃtɪna]
bosje (klein bos)	háj (m)	[ha:j]
open plek (de)	mýtina (ž)	[mi:tɪna]

| struikgewas (het) | houští (s) | [houʃti:] |
| struiken (mv.) | křoví (s) | [krʃovi:] |

| paadje (het) | stezka (ž) | [stɛska] |
| ravijn (het) | rokle (ž) | [roklɛ] |

boom (de)	strom (m)	[strom]
blad (het)	list (m)	[lɪst]
gebladerte (het)	listí (s)	[lɪsti:]

vallende bladeren (mv.)	padání (s) listí	[pada:ni: lɪsti:]
vallen (ov. de bladeren)	opadávat	[opada:vat]
boomtop (de)	vrchol (m)	[vrxol]

tak (de)	větev (ž)	[vetɛf]
ent (de)	suk (m)	[suk]
knop (de)	pupen (m)	[pupɛn]
naald (de)	jehla (ž)	[jɛhla]
dennenappel (de)	šiška (ž)	[ʃɪʃka]

boom holte (de)	dutina (ž)	[dutɪna]
nest (het)	hnízdo (s)	[hni:zdo]
hol (het)	doupě (s)	[doupɛ]

stam (de)	kmen (m)	[kmɛn]
wortel (bijv. boom~s)	kořen (m)	[korʒɛn]
schors (de)	kůra (ž)	[ku:ra]
mos (het)	mech (m)	[mɛx]

ontwortelen (een boom)	klučit	[klutʃɪt]
kappen (een boom ~)	kácet	[ka:tsɛt]
ontbossen (ww)	odlesnit	[odlesnɪt]
stronk (de)	pařez (m)	[parʒɛz]

kampvuur (het)	oheň (m)	[ohɛnʲ]
bosbrand (de)	požár (m)	[poʒa:r]
blussen (ww)	hasit	[hasɪt]
boswachter (de)	hajný (m)	[hajni:]
bescherming (de)	ochrana (ž)	[oxrana]
beschermen	chránit	[xra:nɪt]
(bijv. de natuur ~)		

| stroper (de) | pytlák (m) | [pɪtlaːk] |
| val (de) | past (ž) | [past] |

| plukken (vruchten, enz.) | sbírat | [zbiːrat] |
| verdwalen (de weg kwijt zijn) | zabloudit | [zabloudɪt] |

171. Natuurlijke hulpbronnen

natuurlijke rijkdommen (mv.)	přírodní zdroje (m mn)	[prʃiːrodniː zdrojɛ]
delfstoffen (mv.)	užitkové nerosty (m mn)	[uʒɪtkovɛː nɛrostɪ]
lagen (mv.)	ložisko (s)	[loʒɪsko]
veld (bijv. olie~)	naleziště (s)	[nalezɪʃte]

winnen (uit erts ~)	dobývat	[dobiːvat]
winning (de)	těžba (ž)	[teʒba]
erts (het)	ruda (ž)	[ruda]
mijn (bijv. kolenmijn)	důl (m)	[duːl]
mijnschacht (de)	šachta (ž)	[ʃaxta]
mijnwerker (de)	horník (m)	[horniːk]

| gas (het) | plyn (m) | [plɪn] |
| gasleiding (de) | plynovod (m) | [plɪnovot] |

olie (aardolie)	ropa (ž)	[ropa]
olieleiding (de)	ropovod (m)	[ropovot]
oliebron (de)	ropová věž (ž)	[ropova: veʃ]
boortoren (de)	vrtná věž (ž)	[vrtnaː veʃ]
tanker (de)	tanková loď (ž)	[taŋkova: lotʲ]

zand (het)	písek (m)	[piːsɛk]
kalksteen (de)	vápenec (m)	[vaːpɛnɛts]
grind (het)	štěrk (m)	[ʃterk]
veen (het)	rašelina (ž)	[raʃɛlɪna]
klei (de)	hlína (ž)	[hliːna]
steenkool (de)	uhlí (s)	[uhliː]

ijzer (het)	železo (s)	[ʒelɛzo]
goud (het)	zlato (s)	[zlato]
zilver (het)	stříbro (s)	[strʃiːbro]
nikkel (het)	nikl (m)	[nɪkl]
koper (het)	měď (ž)	[mnetʲ]

zink (het)	zinek (m)	[zɪnɛk]
mangaan (het)	mangan (m)	[mangan]
kwik (het)	rtuť (ž)	[rtutʲ]
lood (het)	olovo (s)	[olovo]

mineraal (het)	minerál (m)	[mɪnɛraːl]
kristal (het)	krystal (m)	[krɪstal]
marmer (het)	mramor (m)	[mramor]
uraan (het)	uran (m)	[uran]

De Aarde. Deel 2

172. Weer

weer (het)	počasí (s)	[potʃasi:]
weersvoorspelling (de)	předpověď (ž) počasí	[prʃɛtpovetⁱ potʃasi:]
temperatuur (de)	teplota (ž)	[tɛplota]
thermometer (de)	teploměr (m)	[tɛplomner]
barometer (de)	barometr (m)	[baromɛtr]
vochtigheid (de)	vlhkost (ž)	[vlxkost]
hitte (de)	horko (s)	[horko]
heet (bn)	horký	[horki:]
het is heet	horko	[horko]
het is warm	teplo	[tɛplo]
warm (bn)	teplý	[tɛpli:]
het is koud	je zima	[jɛ zɪma]
koud (bn)	studený	[studɛni:]
zon (de)	slunce (s)	[sluntsɛ]
schijnen (de zon)	svítit	[svi:tɪt]
zonnig (~e dag)	slunečný	[slunɛtʃni:]
opgaan (ov. de zon)	vzejít	[vzɛji:t]
ondergaan (ww)	zapadnout	[zapadnout]
wolk (de)	mrak (m)	[mrak]
bewolkt (bn)	oblačný	[oblatʃni:]
regenwolk (de)	mračno (s)	[mratʃno]
somber (bn)	pochmurný	[poxmurni:]
regen (de)	déšť (m)	[dɛ:ʃtⁱ]
het regent	prší	[prʃi:]
regenachtig (bn)	deštivý	[dɛʃtɪvi:]
motregenen (ww)	mrholit	[mrholɪt]
plensbui (de)	liják (m)	[lɪja:k]
stortbui (de)	liják (m)	[lɪja:k]
hard (bn)	silný	[sɪlni:]
plas (de)	kaluž (ž)	[kaluʃ]
nat worden (ww)	moknout	[moknout]
mist (de)	mlha (ž)	[mlha]
mistig (bn)	mlhavý	[mlhavi:]
sneeuw (de)	sníh (m)	[sni:x]
het sneeuwt	sněží	[snɛʒi:]

173. Zwaar weer. Natuurrampen

noodweer (storm)	**bouřka** (ž)	[bourʃka]
bliksem (de)	**blesk** (m)	[blɛsk]
flitsen (ww)	**blýskat se**	[bliːskat sɛ]
donder (de)	**hřmění** (s)	[hrʒmneni:]
donderen (ww)	**hřmít**	[hrʒmiːt]
het dondert	**hřmí**	[hrʒmi:]
hagel (de)	**kroupy** (ž mn)	[kroupɪ]
het hagelt	**padají kroupy**	[padaji: kroupɪ]
overstromen (ww)	**zaplavit**	[zaplavɪt]
overstroming (de)	**povodeň** (ž)	[povodɛnʲ]
aardbeving (de)	**zemětřesení** (s)	[zɛmnetrʃɛsɛni:]
aardschok (de)	**otřes** (m)	[otrʃɛs]
epicentrum (het)	**epicentrum** (s)	[ɛpɪʦɛntrum]
uitbarsting (de)	**výbuch** (m)	[vi:bux]
lava (de)	**láva** (ž)	[la:va]
wervelwind (de)	**smršť** (ž)	[smrʃtʲ]
windhoos (de)	**tornádo** (s)	[torna:do]
tyfoon (de)	**tajfun** (m)	[tajfun]
orkaan (de)	**hurikán** (m)	[hurɪkaːn]
storm (de)	**bouřka** (ž)	[bourʃka]
tsunami (de)	**tsunami** (s)	[tsunamɪ]
cycloon (de)	**cyklón** (m)	[ʦiklo:n]
onweer (het)	**nečas** (m)	[nɛʧas]
brand (de)	**požár** (m)	[poʒa:r]
ramp (de)	**katastrofa** (ž)	[katastrofa]
meteoriet (de)	**meteorit** (m)	[mɛtɛorɪt]
lawine (de)	**lavina** (ž)	[lavɪna]
sneeuwverschuiving (de)	**lavina** (ž)	[lavɪna]
sneeuwjacht (de)	**metelice** (ž)	[mɛtɛlɪʦɛ]
sneeuwstorm (de)	**vánice** (ž)	[va:nɪʦɛ]

Fauna

174. Zoogdieren. Roofdieren

roofdier (het)	šelma (ž)	[ʃɛlma]
tijger (de)	tygr (m)	[tɪgr]
leeuw (de)	lev (m)	[lɛf]
wolf (de)	vlk (m)	[vlk]
vos (de)	liška (ž)	[lɪʃka]
jaguar (de)	jaguár (m)	[jagua:r]
luipaard (de)	levhart (m)	[lɛvhart]
jachtluipaard (de)	gepard (m)	[gɛpart]
panter (de)	panter (m)	[pantɛr]
poema (de)	puma (ž)	[puma]
sneeuwluipaard (de)	pardál (m)	[parda:l]
lynx (de)	rys (m)	[rɪs]
coyote (de)	kojot (m)	[kojot]
jakhals (de)	šakal (m)	[ʃakal]
hyena (de)	hyena (ž)	[hɪena]

175. Wilde dieren

dier (het)	zvíře (s)	[zvi:rʒɛ]
beest (het)	zvíře (s)	[zvi:rʒɛ]
eekhoorn (de)	veverka (ž)	[vɛvɛrka]
egel (de)	ježek (m)	[jɛʒek]
haas (de)	zajíc (m)	[zaji:ts]
konijn (het)	králík (m)	[kra:li:k]
das (de)	jezevec (m)	[jɛzɛvɛts]
wasbeer (de)	mýval (m)	[mi:val]
hamster (de)	křeček (m)	[krʃɛtʃɛk]
marmot (de)	svišť (m)	[svɪʃtʲ]
mol (de)	krtek (m)	[krtɛk]
muis (de)	myš (ž)	[mɪʃ]
rat (de)	krysa (ž)	[krɪsa]
vleermuis (de)	netopýr (m)	[nɛtopi:r]
hermelijn (de)	hranostaj (m)	[hranostaj]
sabeldier (het)	sobol (m)	[sobol]
marter (de)	kuna (ž)	[kuna]
wezel (de)	lasice (ž)	[lasɪtsɛ]
nerts (de)	norek (m)	[norɛk]

bever (de)	**bobr** (m)	[bobr]
otter (de)	**vydra** (ž)	[vɪdra]
paard (het)	**kůň** (m)	[kuːnʲ]
eland (de)	**los** (m)	[los]
hert (het)	**jelen** (m)	[jɛlɛn]
kameel (de)	**velbloud** (m)	[vɛlblout]
bizon (de)	**bizon** (m)	[bɪzon]
wisent (de)	**zubr** (m)	[zubr]
buffel (de)	**buvol** (m)	[buvol]
zebra (de)	**zebra** (ž)	[zɛbra]
antilope (de)	**antilopa** (ž)	[antɪlopa]
ree (de)	**srnka** (ž)	[srŋka]
damhert (het)	**daněk** (m)	[danek]
gems (de)	**kamzík** (m)	[kamziːk]
everzwijn (het)	**vepř** (m)	[vɛpr̝]
walvis (de)	**velryba** (ž)	[vɛlrɪba]
rob (de)	**tuleň** (m)	[tulɛnʲ]
walrus (de)	**mrož** (m)	[mroʃ]
zeebeer (de)	**lachtan** (m)	[laxtan]
dolfijn (de)	**delfín** (m)	[dɛlfiːn]
beer (de)	**medvěd** (m)	[mɛdvet]
ijsbeer (de)	**bílý medvěd** (m)	[biːliː mɛdvet]
panda (de)	**panda** (ž)	[panda]
aap (de)	**opice** (ž)	[opɪt͡sɛ]
chimpansee (de)	**šimpanz** (m)	[ʃɪmpanz]
orang-oetan (de)	**orangutan** (m)	[orangutan]
gorilla (de)	**gorila** (ž)	[gorɪla]
makaak (de)	**makak** (m)	[makak]
gibbon (de)	**gibon** (m)	[gɪbon]
olifant (de)	**slon** (m)	[slon]
neushoorn (de)	**nosorožec** (m)	[nosoroʒet͡s]
giraffe (de)	**žirafa** (ž)	[ʒɪrafa]
nijlpaard (het)	**hroch** (m)	[hrox]
kangoeroe (de)	**klokan** (m)	[klokan]
koala (de)	**koala** (ž)	[koala]
mangoest (de)	**promyka** (ž) **indická**	[promɪka ɪndɪt͡ska:]
chinchilla (de)	**činčila** (ž)	[t͡ʃɪnt͡ʃɪla]
stinkdier (het)	**skunk** (m)	[skuŋk]
stekelvarken (het)	**dikobraz** (m)	[dɪkobras]

176. Huisdieren

poes (de)	**kočka** (ž)	[kot͡ʃka]
kater (de)	**kocour** (m)	[kot͡sour]
hond (de)	**pes** (m)	[pɛs]

paard (het)	kůň (m)	[ku:nʲ]
hengst (de)	hřebec (m)	[hrʒɛbɛts]
merrie (de)	kobyla (ž)	[kobɪla]

koe (de)	kráva (ž)	[kra:va]
bul, stier (de)	býk (m)	[bi:k]
os (de)	vůl (m)	[vu:l]

schaap (het)	ovce (ž)	[ovtsɛ]
ram (de)	beran (m)	[bɛran]
geit (de)	koza (ž)	[koza]
bok (de)	kozel (m)	[kozɛl]

| ezel (de) | osel (m) | [osɛl] |
| muilezel (de) | mul (m) | [mul] |

varken (het)	prase (s)	[prasɛ]
biggetje (het)	prasátko (s)	[prasa:tko]
konijn (het)	králík (m)	[kra:li:k]

| kip (de) | slepice (ž) | [slɛpɪtsɛ] |
| haan (de) | kohout (m) | [kohout] |

eend (de)	kachna (ž)	[kaxna]
woerd (de)	kačer (m)	[katʃɛr]
gans (de)	husa (ž)	[husa]

| kalkoen haan (de) | krocan (m) | [krotsan] |
| kalkoen (de) | krůta (ž) | [kru:ta] |

huisdieren (mv.)	domácí zvířata (s mn)	[doma:tsi: zvi:rʒata]
tam (bijv. hamster)	ochočený	[oxotʃɛni:]
temmen (tam maken)	ochočovat	[oxotʃovat]
fokken (bijv. paarden ~)	chovat	[xovat]

boerderij (de)	farma (ž)	[farma]
gevogelte (het)	drůbež (ž)	[dru:bɛʃ]
rundvee (het)	dobytek (m)	[dobɪtɛk]
kudde (de)	stádo (s)	[sta:do]

paardenstal (de)	stáj (ž)	[sta:j]
zwijnenstal (de)	vepřín (m)	[vɛprʃi:n]
koeienstal (de)	kravín (m)	[kravi:n]
konijnenhok (het)	králíkárna (ž)	[kra:li:ka:rna]
kippenhok (het)	kurník (m)	[kurni:k]

177. Honden. Hondenrassen

hond (de)	pes (m)	[pɛs]
herdershond (de)	vlčák (m)	[vltʃa:k]
poedel (de)	pudl (m)	[pudl]
teckel (de)	jezevčík (m)	[ezɛvtʃi:k]
buldog (de)	buldok (m)	[buldok]
boxer (de)	boxer (m)	[boksɛr]

mastiff (de)	**mastif** (m)	[mastɪf]
rottweiler (de)	**rotvajler** (m)	[rotvajlɛr]
doberman (de)	**dobrman** (m)	[dobrman]

basset (de)	**basset** (m)	[basɛt]
bobtail (de)	**bobtail** (m)	[bobtɛjl]
dalmatièr (de)	**dalmatin** (m)	[dalmatɪn]
cockerspaniël (de)	**kokršpaněl** (m)	[kokrʃpanel]

Newfoundlander (de)	**novofoundlandský pes** (m)	[novofaundlɛndski: pɛs]
sint-bernard (de)	**bernardýn** (m)	[bɛrnardi:n]

husky (de)	**husky** (m)	[haskɪ]
chow-chow (de)	**Čau-čau** (m)	[tʃau-tʃau]
spits (de)	**špic** (m)	[ʃpɪts]
mopshond (de)	**mopsl** (m)	[mopsl]

178. Dierengeluiden

geblaf (het)	**štěkot** (m)	[ʃtekot]
blaffen (ww)	**štěkat**	[ʃtekat]
miauwen (ww)	**mňoukat**	[mnʲoukat]
spinnen (katten)	**mručet**	[mrutʃɛt]

loeien (ov. een koe)	**bučet**	[butʃɛt]
brullen (stier)	**řvát**	[rʒva:t]
grommen (ov. de honden)	**vrčet**	[vrtʃɛt]

gehuil (het)	**vytí** (s)	[vɪti:]
huilen (wolf, enz.)	**výt**	[vi:t]
janken (ov. een hond)	**skučet**	[skutʃɛt]

mekkeren (schapen)	**blekotat**	[blɛkotat]
knorren (varkens)	**chrochtat**	[xroxtat]
gillen (bijv. varken)	**vřískat**	[vrʒi:skat]

kwaken (kikvorsen)	**kuňkat**	[kunʲkat]
zoemen (hommel, enz.)	**bzučet**	[bzutʃɛt]
tjirpen (sprinkhanen)	**cvrčet**	[tsvrtʃɛt]

179. Vogels

vogel (de)	**pták** (m)	[pta:k]
duif (de)	**holub** (m)	[holup]
mus (de)	**vrabec** (m)	[vrabɛts]
koolmees (de)	**sýkora** (ž)	[si:kora]
ekster (de)	**straka** (ž)	[straka]

raaf (de)	**havran** (m)	[havran]
kraai (de)	**vrána** (ž)	[vra:na]
kauw (de)	**kavka** (ž)	[kafka]
roek (de)	**polní havran** (m)	[polni: havran]

eend (de)	kachna (ž)	[kaxna]
gans (de)	husa (ž)	[husa]
fazant (de)	bažant (m)	[baʒant]

arend (de)	orel (m)	[orɛl]
havik (de)	jestřáb (m)	[jɛstrʃaːp]
valk (de)	sokol (m)	[sokol]
gier (de)	sup (m)	[sup]
condor (de)	kondor (m)	[kondor]

zwaan (de)	labuť (ž)	[labutʲ]
kraanvogel (de)	jeřáb (m)	[jɛrʒaːp]
ooievaar (de)	čáp (m)	[tʃaːp]
papegaai (de)	papoušek (m)	[papouʃɛk]
kolibrie (de)	kolibřík (m)	[kolɪbrʒiːk]
pauw (de)	páv (m)	[paːf]

struisvogel (de)	pštros (m)	[pʃtros]
reiger (de)	volavka (ž)	[volafka]
flamingo (de)	plameňák (m)	[plamɛnʲaːk]
pelikaan (de)	pelikán (m)	[pɛlɪkaːn]

nachtegaal (de)	slavík (m)	[slaviːk]
zwaluw (de)	vlaštovka (ž)	[vlaʃtofka]
lijster (de)	drozd (m)	[drozt]
zanglijster (de)	zpěvný drozd (m)	[spevniː drozt]
merel (de)	kos (m)	[kos]

gierzwaluw (de)	rorejs (m)	[rorɛjs]
leeuwerik (de)	skřivan (m)	[skrʃɪvan]
kwartel (de)	křepel (m)	[krʃɛpɛl]

specht (de)	datel (m)	[datɛl]
koekoek (de)	kukačka (ž)	[kukatʃka]
uil (de)	sova (ž)	[sova]
oehoe (de)	výr (m)	[viːr]
auerhoen (het)	tetřev (m) hlušec	[tɛtrʃɛv hluʃɛts]
korhoen (het)	tetřev (m)	[tɛtrʃɛf]
patrijs (de)	koroptev (ž)	[koroptɛf]

spreeuw (de)	špaček (m)	[ʃpatʃɛk]
kanarie (de)	kanár (m)	[kanaːr]
hazelhoen (het)	jeřábek (m)	[jɛrʒaːbɛk]
vink (de)	pěnkava (ž)	[peŋkava]
goudvink (de)	hejl (m)	[hɛjl]

meeuw (de)	racek (m)	[ratsɛk]
albatros (de)	albatros (m)	[albatros]
pinguïn (de)	tučňák (m)	[tutʃnʲaːk]

180. Vogels. Zingen en geluiden

| fluiten, zingen (ww) | zpívat | [spiːvat] |
| schreeuwen (dieren, vogels) | křičet | [krʃɪtʃɛt] |

kraaien (ov. een haan)	kokrhat	[kokrhat]
kukeleku	kykyryký	[kɪkɪrɪkiː]

klokken (hen)	kdákat	[gdaːkat]
krassen (kraai)	krákat	[kraːkat]
kwaken (eend)	káchat	[kaːxat]
piepen (kuiken)	kvičet	[kvɪʧɛt]
tjilpen (bijv. een mus)	cvrlikat	[ʦvrlɪkat]

181. Vis. Zeedieren

brasem (de)	cejn (m)	[ʦɛjn]
karper (de)	kapr (m)	[kapr]
baars (de)	okoun (m)	[okoun]
meerval (de)	sumec (m)	[sumɛʦ]
snoek (de)	štika (ž)	[ʃtɪka]

zalm (de)	losos (m)	[losos]
steur (de)	jeseter (m)	[jɛsɛtɛr]

haring (de)	sleď (ž)	[slɛtʲ]
atlantische zalm (de)	losos (m)	[losos]

makreel (de)	makrela (ž)	[makrɛla]
platvis (de)	platýs (m)	[platiːs]

snoekbaars (de)	candát (m)	[ʦandaːt]
kabeljauw (de)	treska (ž)	[trɛska]

tonijn (de)	tuňák (m)	[tunʲaːk]
forel (de)	pstruh (m)	[pstrux]

paling (de)	úhoř (m)	[uːhorʃ]
sidderrog (de)	rejnok (m) elektrický	[rɛjnok ɛlɛktrɪʦkiː]

murene (de)	muréna (ž)	[murɛːna]
piranha (de)	piraňa (ž)	[pɪranʲja]

haai (de)	žralok (m)	[ʒralok]
dolfijn (de)	delfín (m)	[dɛlfiːn]
walvis (de)	velryba (ž)	[vɛlrɪba]

krab (de)	krab (m)	[krap]
kwal (de)	medúza (ž)	[mɛduːza]
octopus (de)	chobotnice (ž)	[xobotnɪʦɛ]

zeester (de)	hvězdice (ž)	[hvezdɪʦɛ]
zee-egel (de)	ježovka (ž)	[jɛʒofka]
zeepaardje (het)	mořský koníček (m)	[morʃkiː koniːʧɛk]

oester (de)	ústřice (ž)	[uːstrʃɪʦɛ]
garnaal (de)	kreveta (ž)	[krɛvɛta]
kreeft (de)	humr (m)	[humr]
langoest (de)	langusta (ž)	[langusta]

182. Amfibieën. Reptielen

| slang (de) | had (m) | [hat] |
| giftig (slang) | jedovatý | [jɛdovati:] |

adder (de)	zmije (ž)	[zmɪjɛ]
cobra (de)	kobra (ž)	[kobra]
python (de)	krajta (ž)	[krajta]
boa (de)	hroznýš (m)	[hrozni:ʃ]

ringslang (de)	užovka (ž)	[uʒofka]
ratelslang (de)	chřestýš (m)	[xrʃɛsti:ʃ]
anaconda (de)	anakonda (ž)	[anakonda]

hagedis (de)	ještěrka (ž)	[jɛʃterka]
leguaan (de)	leguán (m)	[lɛgua:n]
varaan (de)	varan (m)	[varan]
salamander (de)	mlok (m)	[mlok]
kameleon (de)	chameleón (m)	[xamɛlɛo:n]
schorpioen (de)	štír (m)	[ʃti:r]

schildpad (de)	želva (ž)	[ʒelva]
kikker (de)	žába (ž)	[ʒa:ba]
pad (de)	ropucha (ž)	[ropuxa]
krokodil (de)	krokodýl (m)	[krokodi:l]

183. Insecten

insect (het)	hmyz (m)	[hmɪz]
vlinder (de)	motýl (m)	[moti:l]
mier (de)	mravenec (m)	[mravɛnɛts]
vlieg (de)	moucha (ž)	[mouxa]
mug (de)	komár (m)	[koma:r]
kever (de)	brouk (m)	[brouk]

wesp (de)	vosa (ž)	[vosa]
bij (de)	včela (ž)	[vtʃɛla]
hommel (de)	čmelák (m)	[tʃmɛla:k]
horzel (de)	střeček (m)	[strʃɛtʃɛk]

| spin (de) | pavouk (m) | [pavouk] |
| spinnenweb (het) | pavučina (ž) | [pavutʃɪna] |

libel (de)	vážka (ž)	[va:ʃka]
sprinkhaan (de)	kobylka (ž)	[kobɪlka]
nachtvlinder (de)	motýl (m)	[moti:l]

kakkerlak (de)	šváb (m)	[ʃva:p]
teek (de)	klíště (s)	[kli:ʃte]
vlo (de)	blecha (ž)	[blɛxa]
kriebelmug (de)	muška (ž)	[muʃka]
treksprinkhaan (de)	saranče (ž)	[sarantʃɛ]
slak (de)	hlemýžď (m)	[hlɛmi:ʒtʲ]

krekel (de)	cvrček (m)	[ʦvrtʃɛk]
glimworm (de)	svatojánská muška (ž)	[svatojaːnska: muʃka]
lieveheersbeestje (het)	slunéčko (s) sedmitečné	[slunɛːʧko sɛdmɪtɛʧnɛ:]
meikever (de)	chroust (m)	[xroust]

bloedzuiger (de)	piavice (ž)	[pɪavɪʦɛ]
rups (de)	housenka (ž)	[housɛŋka]
aardworm (de)	červ (m)	[ʧɛrf]
larve (de)	larva (ž)	[larva]

184. Dieren. Lichaamsdelen

snavel (de)	zobák (m)	[zoba:k]
vleugels (mv.)	křídla (s mn)	[krʃiːdla]
poot (ov. een vogel)	běhák (m)	[beha:k]
verenkleed (het)	opeření (s)	[opɛrʒɛni:]
veer (de)	pero (s)	[pɛro]
kuifje (het)	chochol (m)	[xoxol]

kieuwen (mv.)	žábry (ž mn)	[ʒaːbrɪ]
kuit, dril (de)	jikry (ž mn)	[jɪkrɪ]
larve (de)	larva (ž)	[larva]
vin (de)	ploutev (ž)	[ploutɛf]
schubben (mv.)	šupiny (ž mn)	[ʃupɪnɪ]

slagtand (de)	kel (m)	[kɛl]
poot (bijv. ~ van een kat)	tlapa (ž)	[tlapa]
muil (de)	čumák (m)	[ʧuma:k]
bek (mond van dieren)	tlama (ž)	[tlama]
staart (de)	ocas (m)	[oʦas]
snorharen (mv.)	vousy (m mn)	[vousɪ]

hoef (de)	kopyto (s)	[kopɪto]
hoorn (de)	roh (m)	[rox]

schild (schildpad, enz.)	krunýř (m)	[kruni:rʃ]
schelp (de)	škeble (ž)	[ʃkɛblɛ]
eierschaal (de)	skořápka (ž)	[skorʒa:pka]

vacht (de)	srst (ž)	[srst]
huid (de)	kůže (ž)	[ku:ʒe]

185. Dieren. Leefomgevingen

leefgebied (het)	životní prostředí (s)	[ʒɪvotni: prostrʃɛdi:]
migratie (de)	stěhování (s)	[stehova:ni:]

berg (de)	hora (ž)	[hora]
rif (het)	útes (m)	[u:tɛs]
klip (de)	skála (ž)	[ska:la]
bos (het)	les (m)	[lɛs]
jungle (de)	džungle (ž)	[dʒunglɛ]

| savanne (de) | savana (ž) | [savana] |
| toendra (de) | tundra (ž) | [tundra] |

steppe (de)	step (ž)	[stɛp]
woestijn (de)	poušť (ž)	[pouʃtʲ]
oase (de)	oáza (ž)	[oa:za]

zee (de)	moře (s)	[morʒɛ]
meer (het)	jezero (s)	[jɛzɛro]
oceaan (de)	oceán (m)	[otsɛa:n]

moeras (het)	bažina (ž)	[baʒɪna]
zoetwater- (abn)	sladkovodní	[slatkovodni:]
vijver (de)	rybník (m)	[rɪbni:k]
rivier (de)	řeka (ž)	[rʒɛka]

berenhol (het)	brloh (m)	[brlox]
nest (het)	hnízdo (s)	[hni:zdo]
boom holte (de)	dutina (ž)	[dutɪna]
hol (het)	doupě (s)	[doupe]
mierenhoop (de)	mraveniště (s)	[mravɛnɪʃte]

Flora

186. Bomen

boom (de)	strom (m)	[strom]
loof- (abn)	listnatý	[lɪstnati:]
dennen- (abn)	jehličnatý	[jɛhlɪʧnati:]
groenblijvend (bn)	stálezelená	[sta:lɛzɛlɛna:]
appelboom (de)	jabloň (ž)	[jablonʲ]
perenboom (de)	hruška (ž)	[hruʃka]
zoete kers (de)	třešně (ž)	[trʃɛʃne]
zure kers (de)	višně (ž)	[vɪʃne]
pruimelaar (de)	švestka (ž)	[ʃvɛstka]
berk (de)	bříza (ž)	[brʒi:za]
eik (de)	dub (m)	[dup]
linde (de)	lípa (ž)	[li:pa]
esp (de)	osika (ž)	[osɪka]
esdoorn (de)	javor (m)	[javor]
spar (de)	smrk (m)	[smrk]
den (de)	borovice (ž)	[borovɪʦɛ]
lariks (de)	modřín (m)	[modrʒi:n]
zilverspar (de)	jedle (ž)	[jɛdlɛ]
ceder (de)	cedr (m)	[ʦɛdr]
populier (de)	topol (m)	[topol]
lijsterbes (de)	jeřáb (m)	[jɛrʒa:p]
wilg (de)	jíva (ž)	[ji:va]
els (de)	olše (ž)	[olʃɛ]
beuk (de)	buk (m)	[buk]
iep (de)	jilm (m)	[jɪlm]
es (de)	jasan (m)	[jasan]
kastanje (de)	kaštan (m)	[kaʃtan]
magnolia (de)	magnólie (ž)	[magno:lɪe]
palm (de)	palma (ž)	[palma]
cipres (de)	cypřiš (m)	[ʦɪprʃɪʃ]
mangrove (de)	mangróvie (ž)	[mangro:vɪe]
baobab (apenbroodboom)	baobab (m)	[baobap]
eucalyptus (de)	eukalypt (m)	[ɛukalɪpt]
mammoetboom (de)	sekvoje (ž)	[sɛkvojɛ]

187. Heesters

struik (de)	keř (m)	[kɛrʃ]
heester (de)	křoví (s)	[krʃovi:]

| wijnstok (de) | vinná réva (s) | [vɪnna: re:va] |
| wijngaard (de) | vinice (ž) | [vɪnɪtsɛ] |

frambozenstruik (de)	maliny (ž mn)	[malɪnɪ]
rode bessenstruik (de)	červený rybíz (m)	[tʃɛrvɛni: rɪbi:z]
kruisbessenstruik (de)	angrešt (m)	[angrɛʃt]

acacia (de)	akácie (ž)	[aka:tsɪe]
zuurbes (de)	dřišťál (m)	[drʒɪʃťa:l]
jasmijn (de)	jasmín (m)	[jasmi:n]

jeneverbes (de)	jalovec (m)	[jalovɛts]
rozenstruik (de)	růžový keř (m)	[ru:ʒovi: kɛrʃ]
hondsroos (de)	šípek (m)	[ʃi:pɛk]

188. Champignons

paddenstoel (de)	houba (ž)	[houba]
eetbare paddenstoel (de)	jedlá houba (ž)	[jɛdla: houba]
giftige paddenstoel (de)	jedovatá houba (ž)	[jɛdovata: houba]
hoed (de)	klobouk (m)	[klobouk]
steel (de)	nožička (ž)	[noʒɪtʃka]

eekhoorntjesbrood (het)	hřib (m)	[hrʒɪp]
rosse populierboleet (de)	křemenáč (m)	[krʃɛmɛna:tʃ]
berkenboleet (de)	kozák (m)	[koza:k]
cantharel (de)	liška (ž)	[lɪʃka]
russula (de)	holubinka (ž)	[holubɪŋka]

morielje (de)	smrž (m)	[smrʃ]
vliegenzwam (de)	muchomůrka (ž) červená	[muxomu:rka tʃɛrvɛna:]
groene knolamaniet (de)	prašivka (ž)	[praʃɪfka]

189. Vruchten. Bessen

appel (de)	jablko (s)	[jablko]
peer (de)	hruška (ž)	[hruʃka]
pruim (de)	švestka (ž)	[ʃvɛstka]

aardbei (de)	zahradní jahody (ž mn)	[zahradni: jahodɪ]
zure kers (de)	višně (ž)	[vɪʃɲe]
zoete kers (de)	třešně (ž mn)	[trʃɛʃne]
druif (de)	hroznové víno (s)	[hroznovɛ: vi:no]

framboos (de)	maliny (ž mn)	[malɪnɪ]
zwarte bes (de)	černý rybíz (m)	[tʃɛrni: rɪbi:z]
rode bes (de)	červený rybíz (m)	[tʃɛrvɛni: rɪbi:z]
kruisbes (de)	angrešt (m)	[angrɛʃt]
veenbes (de)	klikva (ž)	[klɪkva]

| sinaasappel (de) | pomeranč (m) | [pomɛrantʃ] |
| mandarijn (de) | mandarinka (ž) | [mandarɪŋka] |

ananas (de)	ananas (m)	[ananas]
banaan (de)	banán (m)	[bana:n]
dadel (de)	datle (ž)	[datlɛ]

citroen (de)	citrón (m)	[tsɪtro:n]
abrikoos (de)	meruňka (ž)	[mɛrunˈka]
perzik (de)	broskev (ž)	[broskɛf]
kiwi (de)	kiwi (s)	[kɪvɪ]
grapefruit (de)	grapefruit (m)	[grɛjpfru:t]

bes (de)	bobule (ž)	[bobulɛ]
bessen (mv.)	bobule (ž mn)	[bobulɛ]
vossenbes (de)	brusinky (ž mn)	[brusɪŋkɪ]
bosaardbei (de)	jahody (ž mn)	[jahodɪ]
blauwe bosbes (de)	borůvky (ž mn)	[boru:fkɪ]

190. Bloemen. Planten

| bloem (de) | květina (ž) | [kvetɪna] |
| boeket (het) | kytice (ž) | [kɪtɪtsɛ] |

roos (de)	růže (ž)	[ru:ʒe]
tulp (de)	tulipán (m)	[tulɪpa:n]
anjer (de)	karafiát (m)	[karafɪa:t]
gladiool (de)	mečík (m)	[mɛtʃi:k]

korenbloem (de)	chrpa (ž)	[xrpa]
klokje (het)	zvoneček (m)	[zvonɛtʃɛk]
paardenbloem (de)	pampeliška (ž)	[pampɛlɪʃka]
kamille (de)	heřmánek (m)	[hɛrʒma:nɛk]

aloë (de)	aloe (s)	[aloɛ]
cactus (de)	kaktus (m)	[kaktus]
ficus (de)	fíkus (m)	[fi:kus]

lelie (de)	lilie (ž)	[lɪlɪe]
geranium (de)	geránie (ž)	[gera:nɪe]
hyacint (de)	hyacint (m)	[hɪatsɪnt]

mimosa (de)	citlivka (ž)	[tsɪtlɪfka]
narcis (de)	narcis (m)	[nartsɪs]
Oost-Indische kers (de)	potočnice (ž)	[pototʃnɪtsɛ]

orchidee (de)	orchidej (ž)	[orxɪdɛj]
pioenroos (de)	pivoňka (ž)	[pɪvonˈka]
viooltje (het)	fialka (ž)	[fɪalka]

driekleurig viooltje (het)	maceška (ž)	[matsɛʃka]
vergeet-mij-nietje (het)	pomněnka (ž)	[pomneŋka]
madeliefje (het)	sedmikráska (ž)	[sɛdmɪkra:ska]

papaver (de)	mák (m)	[ma:k]
hennep (de)	konopě (ž)	[konope]
munt (de)	máta (ž)	[ma:ta]

| lelietje-van-dalen (het) | konvalinka (ž) | [konvalɪŋka] |
| sneeuwklokje (het) | sněženka (ž) | [sneʒeŋka] |

brandnetel (de)	kopřiva (ž)	[koprʃɪva]
veldzuring (de)	šťovík (m)	[ʃtɺovi:k]
waterlelie (de)	leknín (m)	[lɛkni:n]
varen (de)	kapradí (s)	[kapradi:]
korstmos (het)	lišejník (m)	[lɪʃɛjni:k]

oranjerie (de)	oranžérie (ž)	[oranʒe:rɪe]
gazon (het)	trávník (m)	[tra:vni:k]
bloemperk (het)	květinový záhonek (m)	[kvetɪnovi: za:honɛk]

plant (de)	rostlina (ž)	[rostlɪna]
gras (het)	tráva (ž)	[tra:va]
grasspriet (de)	stéblo (s) trávy	[stɛ:blo tra:vɪ]

blad (het)	list (m)	[lɪst]
bloemblad (het)	okvětní lístek (m)	[okvetni: li:stɛk]
stengel (de)	stéblo (s)	[stɛ:blo]
knol (de)	hlíza (ž)	[hli:za]

| scheut (de) | výhonek (m) | [vi:honɛk] |
| doorn (de) | osten (m) | [ostɛn] |

bloeien (ww)	kvést	[kvɛ:st]
verwelken (ww)	vadnout	[vadnout]
geur (de)	vůně (ž)	[vu:ne]
snijden (bijv. bloemen ~)	uříznout	[urʒi:znout]
plukken (bloemen ~)	utrhnout	[utrhnout]

191. Granen, graankorrels

graan (het)	obilí (s)	[obɪli:]
graangewassen (mv.)	obilniny (ž mn)	[obɪlnɪnɪ]
aar (de)	klas (m)	[klas]

tarwe (de)	pšenice (ž)	[pʃɛnɪtsɛ]
rogge (de)	žito (s)	[ʒɪto]
haver (de)	oves (m)	[ovɛs]
gierst (de)	jáhly (ž mn)	[ja:hlɪ]
gerst (de)	ječmen (m)	[jɛtʃmɛn]

maïs (de)	kukuřice (ž)	[kukurʒɪtsɛ]
rijst (de)	rýže (ž)	[ri:ʒe]
boekweit (de)	pohanka (ž)	[pohaŋkaɟ]

erwt (de)	hrách (m)	[hra:x]
nierboon (de)	fazole (ž)	[fazolɛ]
soja (de)	sója (ž)	[so:ja]
linze (de)	čočka (ž)	[tʃotʃka]
bonen (mv.)	boby (m mn)	[bobɪ]

REGIONALE AARDRIJKSKUNDE

Landen. Nationaliteiten

192. Politiek. Overheid. Deel 1

politiek (de)	politika (ž)	[polɪtɪka]
politiek (bn)	politický	[polɪtɪtski:]
politicus (de)	politik (m)	[polɪtɪk]
staat (land)	stát (m)	[sta:t]
burger (de)	občan (m)	[obtʃan]
staatsburgerschap (het)	státní příslušnost (ž)	[sta:tni: prʃi:sluʃnost]
nationaal wapen (het)	státní znak (m)	[sta:tni: znak]
volkslied (het)	státní hymna (ž)	[sta:tni: hɪmna]
regering (de)	vláda (ž)	[vla:da]
staatshoofd (het)	hlava (m) státu	[hlava sta:tu]
parlement (het)	parlament (m)	[parlamɛnt]
partij (de)	strana (ž)	[strana]
kapitalisme (het)	kapitalismus (m)	[kapɪtalɪzmus]
kapitalistisch (bn)	kapitalistický	[kapɪtalɪstɪtski:]
socialisme (het)	socialismus (m)	[sotsɪalɪzmus]
socialistisch (bn)	socialistický	[sotsɪalɪstɪtski:]
communisme (het)	komunismus (m)	[komunɪzmus]
communistisch (bn)	komunistický	[komunɪstɪtski:]
communist (de)	komunista (m)	[komunɪsta]
democratie (de)	demokracie (ž)	[dɛmokratsɪe]
democraat (de)	demokrat (m)	[dɛmokrat]
democratisch (bn)	demokratický	[dɛmokratɪtski:]
democratische partij (de)	demokratická strana (ž)	[dɛmokratɪtska: strana]
liberaal (de)	liberál (m)	[lɪbɛra:l]
liberaal (bn)	liberální	[lɪbɛra:lni:]
conservator (de)	konzervativec (m)	[konzɛrvatɪvɛts]
conservatief (bn)	konzervativní	[konzɛrvatɪvni:]
republiek (de)	republika (ž)	[rɛpublɪka]
republikein (de)	republikán (m)	[rɛpublɪka:n]
Republikeinse Partij (de)	republikánská strana (ž)	[rɛpublɪka:nska: strana]
verkiezing (de)	volby (ž mn)	[volbɪ]
kiezen (ww)	volit	[volɪt]

| kiezer (de) | volič (m) | [volɪtʃ] |
| verkiezingscampagne (de) | volební kampaň (ž) | [volɛbni: kampanʲ] |

stemming (de)	hlasování (s)	[hlasova:ni:]
stemmen (ww)	hlasovat	[hlasovat]
stemrecht (het)	hlasovací právo (s)	[hlasovatsi: pra:vo]

kandidaat (de)	kandidát (m)	[kandɪda:t]
zich kandideren	kandidovat	[kandɪdovat]
campagne (de)	kampaň (ž)	[kampanʲ]

| oppositie- (abn) | opoziční | [opozɪtʃni:] |
| oppositie (de) | opozice (ž) | [opozɪtsɛ] |

bezoek (het)	návštěva (ž)	[na:vʃteva]
officieel bezoek (het)	oficiální návštěva (ž)	[ofɪtsɪa:lni: na:fʃteva]
internationaal (bn)	mezinárodní	[mɛzɪna:rodni:]

| onderhandelingen (mv.) | jednání (s) | [jɛdna:ni:] |
| onderhandelen (ww) | jednat | [jɛdnat] |

193. Politiek. Overheid. Deel 2

maatschappij (de)	společnost (ž)	[spolɛtʃnost]
grondwet (de)	ústava (ž)	[u:stava]
macht (politieke ~)	moc (ž)	[mots]
corruptie (de)	korupce (ž)	[koruptsɛ]

| wet (de) | zákon (m) | [za:kon] |
| wettelijk (bn) | zákonný | [za:konni:] |

| rechtvaardigheid (de) | spravedlivost (ž) | [spravɛdlɪvost] |
| rechtvaardig (bn) | spravedlivý | [spravɛdlɪvi:] |

comité (het)	výbor (m)	[vi:bor]
wetsvoorstel (het)	návrh (m) zákona	[na:vrx za:kona]
begroting (de)	rozpočet (m)	[rozpotʃɛt]
beleid (het)	politika (ž)	[polɪtɪka]
hervorming (de)	reforma (ž)	[rɛforma]
radicaal (bn)	radikální	[radɪka:lni:]

macht (vermogen)	síla (ž)	[si:la]
machtig (bn)	silný	[sɪlni:]
aanhanger (de)	stoupenec (m)	[stoupɛnɛts]
invloed (de)	vliv (m)	[vlɪf]

regime (het)	režim (m)	[rɛʒɪm]
conflict (het)	konflikt (m)	[konflɪkt]
samenzwering (de)	spiknutí (s)	[spɪknuti:]
provocatie (de)	provokace (ž)	[provokatsɛ]

omverwerpen (ww)	svrhnout	[svrhnout]
omverwerping (de)	svržení (s)	[svrʒeni:]
revolutie (de)	revoluce (ž)	[rɛvolutsɛ]

staatsgreep (de)	převrat (m)	[prʃɛvrat]
militaire coup (de)	vojenský převrat (m)	[vojɛnski: prʃɛvrat]

crisis (de)	krize (ž)	[krɪzɛ]
economische recessie (de)	hospodářský pokles (m)	[hospoda:rʃski: poklɛs]
betoger (de)	demonstrant (m)	[dɛmonstrant]
betoging (de)	demonstrace (ž)	[dɛmonstratsɛ]
krijgswet (de)	válečný stav (m)	[va:lɛtʃni: staf]
militaire basis (de)	základna (ž)	[za:kladna]

stabiliteit (de)	stabilita (ž)	[stabɪlɪta]
stabiel (bn)	stabilní	[stabɪlni:]

uitbuiting (de)	vykořisťování (s)	[vɪkorʒɪstʲova:ni:]
uitbuiten (ww)	vykořisťovat	[vɪkorʒɪstʲovat]

racisme (het)	rasismus (m)	[rasɪzmus]
racist (de)	rasista (m)	[rasɪsta]
fascisme (het)	fašismus (m)	[faʃɪzmus]
fascist (de)	fašista (m)	[faʃɪsta]

194. Landen. Diversen

vreemdeling (de)	cizinec (m)	[tsɪzɪnɛts]
buitenlands (bn)	cizí	[tsɪzi:]
in het buitenland (bw)	v zahraničí	[v zahranɪtʃi:]

emigrant (de)	emigrant (m)	[ɛmɪgrant]
emigratie (de)	emigrace (ž)	[ɛmɪgratsɛ]
emigreren (ww)	emigrovat	[ɛmɪgrovat]

Westen (het)	Západ (m)	[za:pat]
Oosten (het)	Východ (m)	[vi:xot]
Verre Oosten (het)	Dálný východ (m)	[da:lni: vi:xot]

beschaving (de)	civilizace (ž)	[tsɪvɪlɪzatsɛ]
mensheid (de)	lidstvo (s)	[lɪdstvo]
wereld (de)	svět (m)	[svet]
vrede (de)	mír (m)	[mi:r]
wereld- (abn)	světový	[svetovi:]

vaderland (het)	vlast (ž)	[vlast]
volk (het)	lid (m)	[lɪt]
bevolking (de)	obyvatelstvo (s)	[obɪvatɛlstvo]
mensen (mv.)	lidé (m mn)	[lɪdɛ:]
natie (de)	národ (m)	[na:rot]
generatie (de)	generace (ž)	[gɛnɛratsɛ]

gebied (bijv. bezette ~en)	území (s)	[u:zɛmi:]
regio, streek (de)	region (m)	[rɛgɪon]
deelstaat (de)	stát (m)	[sta:t]

traditie (de)	tradice (ž)	[tradɪtsɛ]
gewoonte (de)	zvyk (m)	[zvɪk]

ecologie (de)	ekologie (ž)	[ɛkologɪe]
Indiaan (de)	Indián (m)	[ɪndɪa:n]
zigeuner (de)	Rom (m)	[rom]
zigeunerin (de)	Romka (ž)	[romka]
zigeuner- (abn)	romský	[romski:]

rijk (het)	říše (ž)	[rʒi:ʃɛ]
kolonie (de)	kolonie (ž)	[kolonɪe]
slavernij (de)	otroctví (s)	[otroʦtvi:]
invasie (de)	vpád (m)	[vpa:t]
hongersnood (de)	hlad (m)	[hlat]

195. Grote religieuze groepen. Bekentenissen

| religie (de) | náboženství (s) | [na:boʒenstvi:] |
| religieus (bn) | náboženský | [na:boʒenski:] |

geloof (het)	víra (ž)	[vi:ra]
geloven (ww)	věřit	[verʒɪt]
gelovige (de)	věřící (m)	[verʒi:ʦi:]

| atheïsme (het) | ateizmus (m) | [atɛɪzmus] |
| atheïst (de) | ateista (m) | [atɛɪsta] |

christendom (het)	křesťanství (s)	[krʃɛstʲanstvi:]
christen (de)	křesťan (m)	[krʃɛstʲan]
christelijk (bn)	křesťanský	[krʃɛstʲanski:]

katholicisme (het)	katolicismus (m)	[katolɪʦɪzmus]
katholiek (de)	katolík (m)	[katoli:k]
katholiek (bn)	katolický	[katolɪʦki:]

protestantisme (het)	protestantismus (m)	[protɛstantɪzmus]
Protestante Kerk (de)	protestantská církev (ž)	[protɛstantska: ʦi:rkɛf]
protestant (de)	protestant (m)	[protɛstant]

orthodoxie (de)	pravoslaví (s)	[pravoslavi:]
Orthodoxe Kerk (de)	pravoslavná církev (ž)	[pravoslavna: ʦi:rkɛf]
orthodox	pravoslavný (m)	[pravoslavni:]

presbyterianisme (het)	presbyteriánství (s)	[prɛzbɪtɛrɪa:nstvi:]
Presbyteriaanse Kerk (de)	presbyteriánská církev (ž)	[prɛzbɪtɛrɪa:nska: ʦi:rkɛf]
presbyteriaan (de)	presbyterián (m)	[prɛzbɪtɛrɪa:n]

| lutheranisme (het) | luteránská církev (ž) | [lutɛra:nska: ʦi:rkɛf] |
| lutheraan (de) | luterán (m) | [lutɛra:n] |

| baptisme (het) | baptismus (m) | [baptɪzmus] |
| baptist (de) | baptista (m) | [baptɪsta] |

Anglicaanse Kerk (de)	anglikánská církev (ž)	[anglɪka:nska: ʦi:rkɛf]
anglicaan (de)	anglikán (m)	[anglɪka:n]
mormonisme (het)	Mormonism (m)	[mormonɪzm]
mormoon (de)	mormon (m)	[mormon]

| Jodendom (het) | judaismus (m) | [judaɪzmus] |
| jood (aanhanger van het Jodendom) | žid (m) | [ʒɪt] |

| boeddhisme (het) | buddhismus (m) | [budhɪzmus] |
| boeddhist (de) | buddhista (m) | [budhɪsta] |

| hindoeïsme (het) | hinduismus (m) | [hɪndujɪzmus] |
| hindoe (de) | Hinduista (m) | [hɪnduɪsta] |

islam (de)	islám (m)	[ɪsla:m]
islamiet (de)	muslim (m)	[muslɪm]
islamitisch (bn)	muslimský	[muslɪmski:]

| sjiisme (het) | šíitský islám (m) | [ʃi:ɪtski: ɪsla:m] |
| sjiiet (de) | šíita (ž) | [ʃi:ɪta] |

| soennisme (het) | Sunnitský islám (m) | [sunnɪtski: ɪsla:m] |
| soenniet (de) | Sunnita (m) | [sunnɪta] |

196. Religies. Priesters

| priester (de) | kněz (m) | [knez] |
| paus (de) | Papež (m) | [papɛʃ] |

monnik (de)	mnich (m)	[mnɪx]
non (de)	jeptiška (ž)	[jɛptɪʃka]
pastoor (de)	pastor (m)	[pastor]

abt (de)	opat (m)	[opat]
vicaris (de)	vikář (m)	[vɪka:rʃ]
bisschop (de)	biskup (m)	[bɪskup]
kardinaal (de)	kardinál (m)	[kardɪna:l]

predikant (de)	kazatel (m)	[kazatɛl]
preek (de)	kázání (s)	[ka:za:ni:]
kerkgangers (mv.)	farnost (ž)	[farnost]

| gelovige (de) | věřící (m) | [verʒi:tsi:] |
| atheïst (de) | ateista (m) | [atɛɪsta] |

197. Geloof. Christendom. Islam

| Adam | Adam (m) | [adam] |
| Eva | Eva (ž) | [ɛva] |

God (de)	Bůh (m)	[bu:x]
Heer (de)	Pán (m)	[pa:n]
Almachtige (de)	Všemohoucí (m)	[vʃɛmohoutsi:]

| zonde (de) | hřích (m) | [hrʒi:x] |
| zondigen (ww) | hřešit | [hrʒɛʃɪt] |

| zondaar (de) | hříšník (m) | [hrʒiʃniːk] |
| zondares (de) | hříšnice (ž) | [hrʒiʃnɪtsɛ] |

| hel (de) | peklo (s) | [pɛklo] |
| paradijs (het) | ráj (m) | [raːj] |

| Jezus | Ježíš (m) | [jɛʒiːʃ] |
| Jezus Christus | Ježíš Kristus (m) | [jɛʒiːʃ krɪstus] |

Heilige Geest (de)	Duch (m) Svatý	[dux svati:]
Verlosser (de)	Spasitel (m)	[spasɪtɛl]
Maagd Maria (de)	Bohorodička (ž)	[bohorodɪtʃka]

duivel (de)	ďábel (m)	[dʲaːbɛl]
duivels (bn)	ďábelský	[dʲaːbɛlski:]
Satan	satan (m)	[satan]
satanisch (bn)	satanský	[satanski:]

engel (de)	anděl (m)	[andel]
beschermengel (de)	anděl (m) strážný	[andel straːʒni:]
engelachtig (bn)	andělský	[andelski:]

apostel (de)	apoštol (m)	[apoʃtol]
aartsengel (de)	archanděl (m)	[arxandel]
antichrist (de)	antikrist (m)	[antɪkrɪst]

Kerk (de)	Církev (ž)	[tsiːrkɛf]
bijbel (de)	Bible (ž)	[bɪblɛ]
bijbels (bn)	biblický	[bɪblɪtski:]

Oude Testament (het)	Starý zákon (m)	[stari: zaːkon]
Nieuwe Testament (het)	Nový zákon (m)	[novi: zaːkon]
evangelie (het)	Evangelium (s)	[ɛvangɛlɪum]
Heilige Schrift (de)	Písmo (s) svaté	[piːsmo svatɛː]
Hemel, Hemelrijk (de)	nebeské království (s)	[nɛbɛskɛː kraːlovstviː]

gebod (het)	přikázání (s)	[prʃɪkaːzaːni:]
profeet (de)	prorok (m)	[prorok]
profetie (de)	proroctví (s)	[prorotstvi:]

Allah	Alláh (m)	[alaːx]
Mohammed	Mohamed (m)	[mohamɛt]
Koran (de)	Korán (m)	[kora:n]

moskee (de)	mešita (ž)	[mɛʃɪta]
moellah (de)	Mullah (m)	[mulla]
gebed (het)	modlitba (ž)	[modlɪtba]
bidden (ww)	modlit se	[modlɪt sɛ]

pelgrimstocht (de)	pouť (ž)	[poutʲ]
pelgrim (de)	poutník (m)	[poutni:k]
Mekka	Mekka (ž)	[mɛka]

kerk (de)	kostel (m)	[kostɛl]
tempel (de)	chrám (m)	[xra:m]
kathedraal (de)	katedrála (ž)	[katɛdra:la]

gotisch (bn)	gotický	[gotɪtski:]
synagoge (de)	synagóga (ž)	[sinago:ga]
moskee (de)	mešita (ž)	[mɛʃɪta]

kapel (de)	kaple (ž)	[kaplɛ]
abdij (de)	opatství (s)	[opatstvi:]
nonnenklooster (het)	klášter (m)	[kla:ʃtɛr]
mannenklooster (het)	klášter (m)	[kla:ʃtɛr]

klok (de)	zvon (m)	[zvon]
klokkentoren (de)	zvonice (ž)	[zvonɪtsɛ]
luiden (klokken)	zvonit	[zvonɪt]

kruis (het)	kříž (m)	[krʃi:ʃ]
koepel (de)	kopule (ž)	[kopulɛ]
icoon (de)	ikona (ž)	[ɪkona]

ziel (de)	duše (ž)	[duʃɛ]
lot, noodlot (het)	osud (m)	[osut]
kwaad (het)	zlo (s)	[zlo]
goed (het)	dobro (s)	[dobro]

vampier (de)	upír (m)	[upi:r]
heks (de)	čarodějnice (ž)	[tʃarodejnɪtsɛ]
demoon (de)	démon (m)	[dɛ:mon]
geest (de)	duch (m)	[dux]

| verzoeningsleer (de) | vykoupení (s) | [vɪkoupɛni:] |
| vrijkopen (ww) | vykoupit | [vɪkoupɪt] |

mis (de)	bohoslužba (ž)	[bohosluʒba]
de mis opdragen	sloužit	[slouʒɪt]
biecht (de)	zpověď (ž)	[spovetʲ]
biechten (ww)	zpovídat se	[spovi:dat sɛ]

heilige (de)	světec (m)	[svetɛts]
heilig (bn)	posvátný	[posva:tni:]
wijwater (het)	svěcená voda (ž)	[svetsɛna: voda]

ritueel (het)	ritus (m)	[rɪtus]
ritueel (bn)	rituální	[rɪtua:lni:]
offerande (de)	oběť (ž)	[obetʲ]

bijgeloof (het)	pověra (ž)	[povera]
bijgelovig (bn)	pověrčivý	[povertʃɪvi:]
hiernamaals (het)	posmrtný život (m)	[posmrtni: ʒɪvot]
eeuwige leven (het)	věčný život (m)	[vetʃni: ʒɪvot]

DIVERSEN

198. Diverse nuttige woorden

achtergrond (de)	pozadí (s)	[pozadi:]
balans (de)	rovnováha (ž)	[rovnova:ha]
basis (de)	základna (ž)	[za:kladna]
begin (het)	začátek (m)	[zatʃa:tɛk]
beurt (wie is aan de ~?)	pořadí (s)	[porʒadi:]

categorie (de)	kategorie (ž)	[katɛgorɪe]
comfortabel (~ bed, enz.)	pohodlný	[pohodlni:]
compensatie (de)	kompenzace (ž)	[kompɛnzatsɛ]
deel (gedeelte)	část (ž)	[tʃa:st]

deeltje (het)	částice (ž)	[tʃa:stɪtsɛ]
ding (object, voorwerp)	věc (ž)	[vets]
dringend (bn, urgent)	neodkladný	[nɛotkladni:]
dringend (bw, met spoed)	neodkladně	[nɛotkladne]
effect (het)	efekt (m)	[ɛfɛkt]

eigenschap (kwaliteit)	vlastnost (ž)	[vlastnost]
einde (het)	skončení (s)	[skontʃɛni:]
element (het)	prvek (m)	[prvɛk]
feit (het)	fakt (m)	[fakt]
fout (de)	chyba (ž)	[xɪba]

geheim (het)	tajemství (s)	[tajɛmstvi:]
graad (mate)	stupeň (m)	[stupɛnʲ]
groei (ontwikkeling)	růst (m)	[ru:st]
hindernis (de)	zábrana (ž)	[za:brana]
hinderpaal (de)	překážka (ž)	[prʃɛka:ʃka]

hulp (de)	pomoc (ž)	[pomots]
ideaal (het)	ideál (m)	[ɪdɛa:l]
inspanning (de)	úsilí (s)	[u:sɪli:]
keuze (een grote ~)	volba (ž)	[volba]
labyrint (het)	labyrint (m)	[labɪrɪnt]

manier (de)	způsob (m)	[spu:sop]
moment (het)	moment (m)	[momɛnt]
nut (bruikbaarheid)	užitek (m)	[uʒɪtɛk]
onderscheid (het)	rozdíl (m)	[rozdi:l]

ontwikkeling (de)	rozvoj (m)	[rozvoj]
oplossing (de)	řešení (s)	[rʒɛʃɛni:]
origineel (hot)	originál (m)	[orɪgɪna:l]
pauze (de)	pauza (ž)	[pauza]
positie (de)	pozice (ž)	[pozɪtsɛ]
principe (het)	princip (m)	[prɪntsɪp]

probleem (het)	problém (m)	[problɛ:m]
proces (het)	proces (m)	[protsɛs]
reactie (de)	reakce (ž)	[rɛaktsɛ]

reden (om ~ van)	důvod (m)	[du:vot]
risico (het)	riziko (s)	[rɪzɪko]
samenvallen (het)	shoda (ž)	[sxoda]
serie (de)	řada (ž)	[rʒada]

situatie (de)	situace (ž)	[sɪtuatsɛ]
soort (bijv. ~ sport)	druh (m)	[drux]
standaard (bn)	standardní	[standardni:]
standaard (de)	standard (m)	[standart]
stijl (de)	sloh (m)	[slox]

stop (korte onderbreking)	přestávka (ž)	[prʃɛsta:fka]
systeem (het)	systém (m)	[sɪstɛ:m]
tabel (bijv. ~ van Mendelejev)	tabulka (ž)	[tabulka]
tempo (langzaam ~)	tempo (s)	[tɛmpo]
term (medische ~en)	termín (m)	[tɛrmi:n]

type (soort)	typ (m)	[tɪp]
variant (de)	varianta (ž)	[varɪanta]
veelvuldig (bn)	častý	[ʧasti:]
vergelijking (de)	srovnání (s)	[srovna:ni:]
voorbeeld (het goede ~)	příklad (m)	[prʃi:klat]

voortgang (de)	pokrok (m)	[pokrok]
voorwerp (ding)	předmět (m)	[prʃɛdmnet]
vorm (uiterlijke ~)	tvar (m)	[tvar]
waarheid (de)	pravda (ž)	[pravda]
zone (de)	pásmo (s)	[pa:smo]